Amor propio para chicas adolescentes

Una guía empoderadora para liberar y nutrir tu confianza, resiliencia y bienestar emocional sin agobiarte

Catherine Louis

Copyright 2024 by Catherine Louis- Todos los derechos reservados.

El contenido de este libro no puede reproducirse, duplicarse ni transmitirse sin el permiso directo por escrito del autor o del editor.

Bajo ninguna circunstancia se culpará o responsabilizará legalmente a la editorial, o al autor, de ningún daño, reparación o pérdida monetaria debida a la información contenida en este libro, ya sea directa o indirectamente.

Aviso legal:

Este libro está protegido por derechos de autor. Es sólo para uso personal. No puedes modificar, distribuir, vender, utilizar, citar o parafrasear ninguna parte, ni el contenido de este libro, sin el consentimiento del autor o del editor.

Aviso de exención de responsabilidad:

Ten en cuenta que la información contenida en este documento sólo tiene fines educativos y de entretenimiento. Se ha hecho todo lo posible por presentar una información precisa, actualizada, fiable y completa. No se declaran ni se implican garantías de ningún tipo. Los lectores reconocen que el autor no se dedica a prestar asesoramiento jurídico, financiero, médico o profesional. El contenido de este libro procede de diversas fuentes. Te rogamos que consultes a un profesional titulado antes de poner en práctica las técnicas descritas en este libro.

Al leer este documento, el lector acepta que, bajo ninguna circunstancia, el autor es responsable de ninguna pérdida, directa o indirecta, en la que se incurra como resultado del uso de la información contenida en este documento, incluidos, entre otros, errores, omisiones o imprecisiones.

Índice

Dedicación	1
Introducción	3
1. Capítulo 1	5

    Descubre tus puntos fuertes y acéptate a ti misma

        Descubre y valora tus talentos

        Practica la autocompasión

        Supera las dudas sobre ti misma y refuerza tu autoestima

        La historia de Aganetha

        A continuación

2. Capítulo 2 — 15

    Construye una confianza inquebrantable-Descubre tus fortalezas y capacidades

        Libera tu poder interior: Descubre y persigue las pasiones adolescentes

        Conquista la duda y el miedo: abraza tu coraje interior

        Irradiar confianza en las relaciones

        A continuación

3. Capítulo 3 — 24

    Gestiona el estrés y la adversidad - Encuentra tu equilibrio

        A continuación

4. Capítulo 4 — 32

- Celebra la diversidad corporal
  - Desafía los estándares de belleza poco realistas y los mensajes de los medios de comunicación
  - Cuídate y sé agradecida
  - Desarrolla una relación sana con la comida
  - El viaje de Sarah y Emily
  - A continuación

5. Capítulo 5 — 39
   - Crea equilibrio en un mundo hiperconectado
     - Reconocer la influencia de la tecnología y los signos de sobrecarga y adicción digital
     - Practica hábitos digitales conscientes
     - Conecta con los demás y cuida de ti misma
     - Cómo Emma descubrió el impacto positivo de las conexiones offline
     - A continuación

6. Capítulo 6 — 46
   - Aprovecha el poder de una mentalidad positiva
     - Comprende el poder de los pensamientos: Libera tu potencial interior
     - Mantente positiva y resiliente
     - Abraza la gratitud y desarrolla una mentalidad positiva
     - Cómo Aisha y Leena transformaron sus vidas mediante la gratitud y el optimismo
     - A continuación

7. Capítulo 7 — 54
   - Aumenta tu optimismo con charlas personales

8. Capítulo 8 — 70

Desarrolla la resiliencia y la determinación
  Ser resiliente es más fácil cuando sabes adaptarte
  Una historia sobre resistencia y determinación
  A continuación

9. Capítulo 9   80
  El desequilibrio hormonal y las adolescentes
    Comprender el desequilibrio hormonal
    Comprender los efectos emocionales de los desequilibrios hormonales
    Comprende los efectos físicos y sanitarios de los desequilibrios hormonales
    La importancia de buscar el apoyo de los profesionales de la salud
    A continuación

10. Capítulo 10   89
  Mantener el amor propio y el empoderamiento
    Cultiva el amor propio
    Sigue potenciándote
    A continuación

11. Capítulo 11   97
  Mantener viva la positividad de la vida

12. Una petición respetuosa   100

13. Cómo puedes apoyar mejor a las adolescentes   102
  El capítulo para padres, tutores y otros modelos de conducta
    Palabras clave
    ¿Por qué necesitamos amarnos a nosotros mismos?
    Amor propio vs. Narcisismo

      Cómo fomentar la perseverancia en tu hija adolescente
      Ayuda a tu hija a desarrollar una mentalidad positiva
      Ayuda a tu hija a desarrollar resiliencia

14. Una petición respetuosa   111
15. Referencias   112

Dedicación

Este libro está dedicado a mis 3 nietas adolescentes.
¡Que siempre se den cuenta de lo únicas,
talentosas y queridas que son!

Introducción

Q*uiérete primero a ti mismo, y todo lo demás caerá por su propio peso. Tienes que cuidarte de verdad para conseguir cosas en este* mundo.-Lucille Ball

¡Hola!

Si estás leyendo este libro, lo más probable es que te estés preguntando qué es eso del "amor propio". Pues bien, estoy aquí para decirte que la cita anterior lo dice todo. Primero tienes que quererte a ti misma, porque nada estará realmente bien en tu vida si no lo haces. Así que, ahora mismo, me gustaría que te pusieras delante de un espejo y te dijeras en voz alta: "¡Me quiero!", "¡Puedo hacer cosas increíbles!", y "¡No tengo que ser perfecta para que me quieran o me acepten!". ¿Fue fácil... o supuso un reto?

Espero que, cuando termines de leer este libro y reflexiones sobre las historias, consejos y estrategias que encontrarás en él, seas capaz de ponerte delante de ese espejo con confianza mientras te dices a ti misma que te quieres y que puedes hacer cosas increíbles. Empecemos con una historia.

Imagina que eres Sheri, una chica de 15 años que va al instituto en el condado de Santa Clara, California. A pesar de ser inteligente, no eres la mejor en tus clases porque tienes problemas de autoestima; a menudo te comparas con los demás —con tu aspecto, tus notas, lo popular que eres— y sientes que siempre te quedas corta. Incluso en casa, te sientes eclipsada por tu hermana mayor, Nicole, y crees que tus padres la favorecen más que a ti.

Entonces, un día, tu profesor te encarga que te escribas una carta a ti misma, centrada en lo que te hace única y en lo que aprecias de ti. Al trabajar en esta tarea, se te enciende la lamparita. Empiezas a reconocer tus propios puntos fuertes y logros que habías pasado por alto. Esta toma de conciencia provoca un cambio en cómo te ves a ti misma. Comprendes tu valor, tu creatividad, determinación y bondad.

Inspirada por esta nueva conciencia de ti misma, empiezas un diario de gratitud para anotar todo aquello por lo que estás agradecida. Cada vez que te asaltan las dudas, recurres a tu diario, recordándote tus cualidades y experiencias positivas. Esta práctica transforma tu mentalidad. Te vuelves más positiva, atraes a más amigos y te ganas el respeto en la escuela. Incluso te apuntas y destacas en el club de redacción, algo que te apasiona desde que eras más joven.

Esta historia de superar las dudas sobre uno mismo y de aprender a valorarse, habla de muchas luchas a las que se enfrentan los adolescentes, desde la imagen corporal y el acoso hasta la presión de los compañeros y la dinámica familiar. Ofrece esperanza y estrategias prácticas para fomentar la autoestima y encontrar el propio lugar. Si eres un adolescente, un padre, un tutor o cualquier persona implicada en la vida de un adolescente, este relato proporciona valiosas ideas para navegar por la adolescencia con confianza y gracia.

En el capítulo 1, leerás sobre formas de reconocer y aceptar tu singularidad, incluidos tus talentos y puntos fuertes. También aprenderás a alejarte de las creencias autolimitantes y a aceptar las imperfecciones. Además, leerás sobre la práctica de la autocompasión y sobre cómo fomentar una mentalidad de crecimiento. Así que, ¡empecemos!

Capítulo 1

Descubre tus puntos fuertes y acéptate a ti misma

Lo diferente es bueno. Cuando otra persona te informe de que eres diferente, sonríe y mantén la cabeza alta con orgullo. -Angelina Jolie

Descubrir tu autoestima y sentirte bien con quien eres es un viaje importante. Pero una vez que lo consigues, puede conducirte a logros increíbles y a una vida más satisfactoria. En primer lugar, reconoce tus puntos fuertes (incluso los ocultos), y recuerda que no pasa nada por no ser perfecto: nadie lo es. Empieza por darte cuenta de todas las cosas buenas que has hecho, ya sean grandes o pequeñas. Considera cada reto como una oportunidad para aprender y hacerte más fuerte. Pasa tiempo con tu familia y amigos y sé amable contigo misma cuando las cosas se pongan difíciles.

Para comprender tu autoestima, debes aceptar lo que te hace diferente. Sé fiel a ti misma y no cambies sólo para encajar con los demás. Busca personas que compartan tus intereses y vibren contigo. Prepárate para afrontar las críticas, pero no dejes que cambien aquello en lo que crees.

¿Por qué es tan importante ser diferente? Bueno, ser única te permite hacer cosas que otros no pueden. Y eso es cierto para todos, lo que nos hace especiales a nuestra manera. Así es como funciona la sociedad: nos ayudamos unos a otros. Como se suele decir, "Una mano lava a la otra porque una sola mano no puede lavarse a sí misma" (Prasad, 2015). Si todos fuéramos iguales, la vida sería muy aburrida, ¿verdad? Tu singularidad es lo que te hace ser, bueno, tú. Por lo tanto, es importante reconocer e identificar tus talentos (Prasad, 2015).

Descubre y valora tus talentos

Para descubrir y cultivar tus talentos, empieza por reflexionar sobre lo que te gusta y se te da bien por naturaleza. Esta autorreflexión te ayuda a identificar tus fortalezas y tus pasiones. ¿Qué asignaturas te interesan más? Cuando sueñas con una carrera, ¿cómo la imaginas? ¿Tienes actividades específicas que te hacen perder la noción del tiempo mientras las realizas? ¿Hay alguna actividad que te haga alcanzar el estado de flujo, en el que te absorbe por completo lo que estás haciendo y el tiempo parece detenerse? ¿Una actividad en la que te olvides del mundo exterior y rindas al máximo nivel? Este es el momento de identificar tus talentos.

¿Hay algo que hagas que tu familia parezca apreciar más que los demás? A la gente a menudo le cuesta ver sus talentos; tus amigos íntimos y tu familia pueden ayudarte a identificarlos si te cuesta hacerlo por ti misma. Dales la oportunidad de compartir lo que piensan sobre tus talentos y puntos fuertes. Intenta ser lo más receptiva posible con ellos y ten en cuenta sus comentarios.

Fíjate en algunas áreas en las que eres buena, pero que aún necesitas mejorar. Son áreas en las que tienes potencial para destacar. Deshazte de todos tus factores limitantes y empieza a creer en ti misma. Para perseguir con éxito tus sueños, primero debes enfrentarte al miedo al fracaso. Deshazte de la autoconversación negativa y de las creencias limitadoras y ten una actitud de "puedo hacerlo". Intenta comprender la raíz de tus dudas; así, podrás empezar a aventurarte en nuevas áreas en las que podrías descubrir que tienes talento.

Este es el mejor momento de tu vida para asumir retos y aprender cosas nuevas. Sal de tu zona de confort y explora diversas habilidades para descubrir cuáles te apasionan. Cuando hayas probado distintas actividades, deja que tu corazón te diga cuáles funcionan mejor para ti. (Mills, 2023).

Imagina que tienes un talento, como ser muy buena jugando al softball. Es importante recordar que ser naturalmente buena en algo no significa que vayas a ser la mejor en ello de inmediato. Tienes que trabajar en ello, practicar mucho y mantener la determinación, incluso cuando las cosas se pongan difíciles. Al igual que en los videojuegos o en cualquier afición, no se sube de nivel al instante. Lleva tiempo, esfuerzo y paciencia. No te desanimes si no ves grandes cambios rápidamente. Mantén la vista en el objetivo, sigue practicando y verás cómo mejoras. La clave es no rendirse y buscar oportunidades para hacer lo que te gusta. Así que, si te gusta el softball, juega todo lo que puedas, únete a un equipo o juega con tus amigos. Cuanto más lo hagas, mejor te irá.

Practica la autocompasión

La autocompasión es como tratarte a ti misma de la misma manera en la que tratarías a un buen amigo que lo está pasando mal. Se trata de comprender que todo el mundo mete la pata a veces, incluso tú. Piensa en la compasión como un acto comprensivo y cariñoso con alguien que tiene problemas. Ahora, aplica esa misma amabilidad y comprensión a ti misma. No se trata de ser egoísta. Se trata de darte un respiro y no ser demasiado dura contigo misma cuando las cosas no van bien.

Por ejemplo, si has hecho algo mal y te sientes realmente mal por ello, es fácil que te enfades mucho contigo misma. Pero la autocompasión significa que te dices que no pasa nada, aprendes de ello y sigues adelante, en lugar de limitarte a sentirte fatal. Recuerda que nadie es perfecto y que todo el mundo comete errores. Castigarse por cada pequeño error no es bueno ni útil.

Hay algunas formas sencillas de practicar el ser amable contigo misma, como tratarte con amabilidad, prestar atención a tus sentimientos (eso es mindfulness) y recordar que todo el mundo pasa por momentos difíciles, no sólo tú. Esto puede ayudarte a sentirte mejor y a manejar mejor los problemas en el futuro. Veremos las técnicas que puedes utilizar para practicar la autocompasión. Estas técnicas incluyen la autocompasión, la atención plena y la humanidad común (Neff, 2003a; 2003b).

Bondad con uno mismo

La autoamabilidad, al igual que la autocompasión, puede describirse como ser amable y comprensivo contigo misma cuando cometes un error o haces daño a otras personas. En lugar de culparte y ser duro contigo, la autocompasión te ayudará a ver que no debes juzgarte ni criticarte. Ya estás sufriendo, y ser duro contigo misma puede ser injusto. Te ayudaría tratarte con amabilidad y calidez. Es hora de proporcionarte el cuidado y el amor que mereces cuando te enfrentas a los retos de la vida —y habrá muchos—. Sé paciente y tómatelo con calma cuando metas la pata o no hagas las cosas a la perfección.

Atención plena

La atención plena es aprender a darte cuenta de tus pensamientos sin alterarte por ellos. Es como decir: "Está bien, ahora mismo me siento así", pero sin dejar que ese sentimiento te controle. La autocompasión es ser amable contigo misma, sobre todo cuando te sientes mal o disgustada. Se trata de comprender que está bien sentirse mal a veces y no ser demasiado dura contigo. Cuando ocurra algo difícil, intenta mantener la calma y manejar tus emociones sin enloquecer. Incluso si metes la pata o fracasas en algo importante, se trata de mantener la calma y no machacarte por ello.

Humanidad común

La humanidad común es darse cuenta de que cometer errores forma parte de ser humano, y que no eres la única a la que le ocurre. Es saber que todos cometemos errores, y que no pasa nada. No tienes que castigarte ni sentirte sola cuando tienes un desliz. Recuerda que otras personas también han pasado por lo mismo y han aprendido a perdonarse. Así que, cuando cometas un error, no seas demasiado dura contigo misma. En lugar de eso, sé amable y comprende que es algo normal que le ocurre a todo el mundo.

Fomentar una mentalidad decrecimiento

Los cerebros de los adolescentes no están completamente desarrollados: todavía están atravesando unproceso de crecimiento en su camino para convertirse en los cerebros de un adulto. Durante este periodo, los adolescentes experimentan continuos cambios en su comportamiento emocional; se involucran en actividades de riesgo y ponena prueba los límites (Kiusalaas, 2018). Como adolescente, es probable que no quieras tener nada que ver con cómo te comportabas antes de llegar a esta edad. Como adolescente, probablemente estés empezando a pensar mucho en tu vida y en cómo manejar tus problemas. Para desarrollar una mentalidad de crecimiento, que significa creer que puedes mejorar y crecer con esfuerzo, esto es lo que puedes hacer:

- **Busca sitios con contenido y noticias inspiradoras.** Puedes encontrar información útil y noticias inspiradoras en sitios que ofrecen contenidos alentadores. *Reasons to Be Cheerful* es uno de esos sitios; Pinterest también es un lugar estupendo para buscar cosas que te hagan feliz.

- **Permítete sentir tus emociones.** No pasa nada si necesitas tiempo para sentir tus emociones. Si eso significa llorar, adelante, llora. Esto puede proporcionarte alivio y reducir algunas de tus emociones abrumadoras.

- **Actívate.** Prueba a hacer algo de ejercicio, como correr, caminar o yoga. Esto ayuda a tu cerebro a sentirse bien y reduce el estrés.

- **Recuerda tus momentos difíciles**. Piensa en las veces que has superado cosas difíciles antes. Recordarlo puede ayudarte a sentirte fuerte de nuevo.

- **Habla con alguien de confianza.** Comparte lo que te preocupa con alguien, como tus padres, un amigo o un mentor. Hablar puede hacer que los problemas parezcan más pequeños y superficiales.

- **Tómate un descanso.** Si los estudios son duros por las malas notas o los problemas con los amigos, tómate un día libre para aclarar las ideas. A veces, dar un paso atrás te ayuda a ver las cosas de otra manera.

- **Piensa en alguien fuerte.** ¿Conoces a alguien realmente fuerte? Recuérdalo cuando te sientas mal. Puede inspirarte para que tú también seas fuerte.

- **Medita.** Dedica un tiempo a concentrarte en lo que quieres. Es una forma excelente de calmarte y sentirte centrado.

- **Pasea por la naturaleza**: ¿Te sientes desanimada? Sal a pasear al aire libre. Es refrescante y puede ayudarte a pensar mejor.

- **Escribe en un diario.** Escribe tus pensamientos y lo que ocurre en tu día. Es una forma estupenda de comprender tus retos y aprender de ellos. Llevar un diario te ayudará a comprender que algunos de los retos a los que te enfrentas son en realidad oportunidades para aprender cosas nuevas y crecer.

- **Ayuda a otros a ser fuertes.** Dar apoyo a alguien cercano a ti —ayudarle a mejorar su resiliencia— también puede ayudarte a aumentar tu propia resiliencia (Waters, 2013).

Recuerda, desarrollar una mentalidad de crecimiento consiste en creer en tu potencial y trabajar para conseguirlo, sin importar los retos.

Supera las dudas sobre ti misma y refuerza tu autoestima

Dudar de ti misma significa que careces de confianza y no estás segura de tus capacidades. Las personas que dudan de sí mismas son duras consigo mismas: creen que les falta algo que deberían tener, pero no tienen. Para superar esta duda, tienes que sustituirla por la autoestima. La autoestima se refiere a sentirse apreciado y querido. Los adolescentes pueden sustituir la duda sobre sí mismos por la autoestima.

Tu autoestima, o cómo te sientes contigo misma, puede estar realmente influida por las personas que te rodean, como tus amigos, tu familia y tus profesores. Cuando estas personas de tu vida se centran en las cosas buenas de ti y te aceptan por lo que eres, te hacen sentir más segura y orgullosa. Ellos juegan un papel muy importante a la hora de aumentar o reducir tu autoestima. Si siempre te critican o te regañan más de lo que te alaban, puede hacer que te sientas mal contigo misma. Además, el hecho de que tus amigos o hermanos se rían de ti o te acosen puede dañar tu autoestima. La forma en que los demás te tratan y te hablan puede tener un gran impacto en cómo te ves. Cuando siempre recibes palabras duras y un trato negativo, eso afecta tu percepción de ti misma (Nemours TeensHealth, 2023).

Aprende a enfrentarte a la voz que tienes en el fondo de la cabeza. Intenta que esa voz negativa deje de decir cosas malas sobre ti, como *¡No creo que pueda triunfar en la vida!* o *¡Mis notas escolares nunca mejorarán!* Esos pensamientos negativos dañarán tu autoestima y te harán dudar de ti. Aquí tienes más consejos sobre cómo puedes superar las dudas sobre ti misma y reforzar tu autoestima:

- **Rodéate de personas que te apoyen y te traten bien.** Evita a las personas a las que les gusta desanimarte con sus palabras o acciones. Te sentirás bien cuando estés con personas que te acepten tal como eres y no te juzguen. Por supuesto, también tienes que tratarles con el mismo amor y respeto.

- **Dite a ti misma sólo cosas que puedan ayudarte.** Tu autoestima, o cómo te sientes contigo misma, puede estar realmente influido por las personas que te rodean, como tus amigos, tu familia y tus profesores. Cuando estas personas de tu vida se centran en las cosas buenas de ti y te aceptan por lo que eres, te hacen sentir más segura y orgullosa. Desempeñan un papel muy importante a la hora de aumentar o reducir tu autoestima. Si siempre te critican o te regañan más de lo que te elogian, puedes llegar a sentirte bastante mal contigo misma. Además, el hecho de que tus amigos o hermanos se rían de ti o te acosen puede afectar mucho a cómo te ves a ti misma. La forma en que los demás te tratan y te hablan tiene un gran impacto en tu autoestima.

- **Recuérdate que, como todo el mundo, no eres perfecta.** Intenta hacerlo lo mejor posible y siéntete orgullosa de ti misma. Cualquiera puede cometer errores; si los cometes, acéptalos, perdónate y sigue adelante.

- **Márcate objetivos y trabaja para conseguirlos.** Unos objetivos razonables serían estudiar más o empezar un plan de alimentación saludable. Así pues, haz un plan y luego trabaja para cumplirlo. Haz una lista de seguimiento y registra tus progresos, y luego recuerda sentirte orgullosa de ti misma.

- **Concéntrate más en lo que vabien.** Evita ver sólo lo que está mal o es malo. Aprende a tener un equilibrio entre ver lo bueno y lo que está mal, pero no te obsesiones con lo malo. Aprende a recuperarte de tus errores; céntrate en lo que estás haciendo bien. En lugar de dejar que tu mente repase lo que ha ido mal durante el día, desecha esos pensamientos negativos y sustitúyelos por lo bueno que ha ocurrido. Al final de cada día, piensa en tres cosas que hayan ido bien y siéntete feliz por ellas (Nemours TeensHealth, 2023). Así aprenderás a fijarte en las cosas buenas de tu vida.

La historia de Aganetha

Aganetha era una chica de 17años con mucha confianza en sí misma. Estaba a punto de terminar la preparatoria y tenía claros sus objetivos y lo que no quería en la vida. Se sentía bastante bien consigo misma, y calificaba su autoestima con un 8 sobre 10. Pero a veces se quedaba atascada en pensamientos negativos, como centrarse en sus piernas peludas cuando alguien le hacía un cumplido sobre su figura. Sabía que esos "sí, pero" negativos le impedían sentirse aún mejor consigo misma.

A pesar de tener una familia con algunos problemas de ira, Aganetha conseguía mantenerse positiva, gracias a amigos que la apoyaban. Tenía una mentalidad fuerte, especialmente con los chicos. Una vez puso fin a una corta relación porque el chico intentó presionarla para que hiciera cosas con las que no se sentía cómoda. Aganetha creía en el respeto de sus propios valores y límites, sobre todo en las relaciones.

Trabajó duro para mejorar aún más su autoestima. Salía con amigos que la animaban y le hacían ver sus propios puntos fuertes. Aganetha también se centró en el crecimiento personal y el autocuidado, haciendo actividades que la hacían feliz y siguiendo sus intereses para desarrollar más habilidades y confianza.

Su fuerte autoestima la protegía de la negatividad y la llevaba a tener relaciones sanas. Conocía la importancia de estar con personas que la respetaban por lo que era. A lo largo de su vida, su autoestima fue como una estrella que la guiaba, ayudándola a tomar decisiones que respetaban sus valores y apoyaban su bienestar. Aganetha se convirtió en un modelo para los demás, mostrando el poder de conocer tu valía y vivir fiel a ti misma.

A continuación

Vale, ya has aprendido algunas formas geniales de descubrir tus talentos. Ahora ha llegado el momento de poner esas ideas en práctica. Tienes información sobre cómo valorar lo que te hace único y sentirte bien con lo que eres. También has descubierto cómo superar esas dudas que te frenan y ser más amable contigo misma. Además, has aprendido a tener una mentalidad de crecimiento, lo que significa creer que puedes mejorar en lo que haces. A continuación, en el capítulo 2, hablaremos de construir una confianza sólida como una roca y de descubrir lo que te apasiona. ¡Vamos al capítulo 2 y veamos qué cosas asombrosas podemos aprender!

Capítulo 2

Construye una confianza inquebrantable – Descubre tus fortalezas y capacidades

Una mente tranquila aporta fuerza interior y confianza en uno mismo, por lo que es muy importante para gozar de buena salud. -Dalai Lama

El consejo del Dalai Lama es realmente atemporal y sumamente relevante, sobre todo para las adolescentes que están descubriendo quiénes son y creciendo dentro de sí mismas. Considera este capítulo un viaje emocionante para aumentar tu confianza y explorar tus capacidades, especialmente para las adolescentes que están averiguando quiénes son y qué quieren de la vida. En primer lugar, indagaremos en tus aficiones e intereses para ayudarte a encontrar talentos ocultos y encender una chispa en tu interior. Al alinear lo que sueñas con lo que haces, empiezas a recorrer un camino fiel a tu esencia, lo que ilumina tu confianza.

Pero oye, es normal toparse con el miedo y las dudas. Tenemos algunos trucos geniales para ayudarte a vencer esas dudas, sacudirte los pensamientos negativos y ver el fracaso como un paso hacia el crecimiento y la mejora. Encontrarás formas de recuperarte de los momentos difíciles y descubrirás la verdadera fuerza que llevas dentro.

La confianza no consiste sólo en lo que consigues a solas. También tiene que ver con cómo actúas con los demás. Exploraremos cómo mostrar confianza cuando estás con amigos o en la escuela. Aprenderás a hablar con confianza, a establecer límites claros y a defenderte de una forma que sea fiel a quien eres. Esto te ayudará a construir relaciones que te eleven y apoyen tus objetivos (Jacobson, 2017).

Así que respira hondo, mantén la mente abierta y deja que tu corazón se tranquilice. A medida que sigas leyendo, descubrirás cómo construir una confianza sólida como una roca, descubrir tus puntos fuertes y abrazar todo el increíble potencial que llevas dentro y está listo para brillar.

Libera tu poder interior: Descubre y persigue las pasiones adolescentes

Ser adolescente consiste en explorar, ser curioso y descubrir quién eres. Es una época en la que empiezas a descubrir lo que realmente te apasiona, esas cosas que realmente te emocionan y te hacen sentir viva. Sumerjámonos en esta aventura de descubrir lo que te gusta, utilizar tus talentos y hacer crecer tu confianza.

En primer lugar, probar cosas diferentes es la clave. Participa en varias actividades para ver qué es lo que más te gusta. Puede que encuentres tu pasión en ayudar al medio ambiente, en escribir historias para la revista de la escuela o en algo totalmente distinto. Se trata de explorar y ver qué encaja contigo.

Una vez que encuentres algo que te guste, es momento de perfeccionarlo. Esto puede significar tomar clases, buscar un mentor o simplemente practicar mucho. Por ejemplo, si te gusta la fotografía, puedes pasarte horas aprendiendo sobre ella, experimentando con distintas técnicas y haciendo fotos increíbles. Cuanto mejor lo hagas, más segurate sentirás de tus habilidades.

Perseguir tus pasiones también significa enfrentarte a retos y aprender de ellos. Cada obstáculo es una oportunidad para hacerte más fuerte y resistente. Piensa en una cantante que sigue asistiendo a audiciones y concursos, incluso cuando es difícil. Su determinación le ayuda a actuar en escenarios más grandes e inspirar a otros.

Tu adolescencia consiste en un periodo de intensa exploración, curiosidad y autodescubrimiento. Es entonces cuando te transformas y comienzas la misión de descubrir tus pasiones, esas chispas e impulsos que encienden tu alma y la hacen arder (Jacobson, 2017). Adentrémonos en el viaje del descubrimiento de la pasión, la utilización del talento y el desarrollo de la confianza que te despeja el camino para liberar tu verdadero potencial.

Explorar los intereses y establecer las pasiones personales es un primer paso importante. Participando enun amplio espectro de actividades, puedes aprender perspectivas clave sobre lo que realmente emociona tu corazón y tu mente. Ya sea en trabajos voluntarios, uniéndote a grupos de personas afines o experimentando con diversas aficiones, la fase de exploración te permite poner a prueba distintas dimensiones de lavida. Por ejemplo, puedes desarrollar una pasión por las causas medioambientales participando en una limpieza de playas o buscar la diversión a través de la escritura contribuyendo con tus historias a una revista escolar.

Desarrollar habilidades y fomentar la competencia en las cosas que te interesan es el puente que une la pasión con la maestría (Jacobson, 2017). Una vez establecida una pasión, puedes profundizar, empleando tiempo y esfuerzo para obtener información y mejorar tu potencial. Puede que tengas que matricularte en cursos, buscar mentores oparticipar en actividades constantes para mejorar tus habilidades. Imagínate obsesionadacon la fotografía y capaz de dedicar horas a estudiar técnicas de composición, probar con varios lentes y capturar imágenes emocionantes. A medida que crezcan tus habilidades, también lo hará tu confianza en tu capacidad para exhibirte através de tu arte.

Desarrollar la confianza persiguiendo pasiones es un proceso que cambia la vida. A medida que participas en actividades que resuenan con tus pasiones, te expones a problemas e inconvenientes que ponen a prueba tu determinación; sin embargo, cada reto crea una oportunidad de crecimiento (Jacobson, 2017). Manteniendo la dedicación y avanzando sin descanso, cultivas la resiliencia, la confianza en ti misma y una actitud de no rendirse nunca. Un buen ejemplo es una joven bailarina que participa en audiciones y concursos. Experimenta periodos de duda, pero persigue sin descanso su pasión y, al final, actúa en grandes escenarios e influye positivamente en los demás con su elegancia y confianza.

Podemos encontrar una gran fuente de inspiración en el estudio de los viajes motivacionales de algunas adolescentes que fueron tras sus pasiones. Tomemos, por ejemplo, a Gitanjali Rao, una joven inventora apasionada por aplicar la ciencia para afrontar los retos del mundo real. Su empeño la convirtió en la primera Niña del Año reconocida por la revista *TIME*. En sus propias palabras, Gitanjali dijo: "Nunca permitas que la edad modifique tu potencial. La pasión no tiene límites para quienes creen en sí mismos".

Mientras recorres tu propio camino para descubrir la pasión, debes aprender a explorar, establecer habilidades y desarrollar confianza. Abraza el viaje único que tienes ante ti; en tu interior, reside el poder para liberar tu verdadero potencial. Deja que las palabras de la influyente Gitanjali resuenen en tu corazón: "Ten fe en tus pasiones, cree en tu potencial y observa cómo tu confianza alcanza nuevos niveles, iluminando el camino para que tus sueños se conviertan en realidad".

A medida que encuentres tus pasiones, desarrolles habilidades y ganes confianza, recuerda que este viaje es único. Se trata de creer en lo que amas, ver crecer tu potencial y convertir tus sueños en realidad. Acepta este viaje y descubrirás más sobre quién eres y lo que puedes hacer.

Conquista la duda y el miedo: abraza tu coraje interior

Cuando eres adolescente, puede que te asalten la duda y el miedo, lo que te dificulta crecer y perseguir lo que te gusta. Pero con la mentalidad y las estrategias adecuadas, puedes superar estos retos y liberar tu valentía para aprovechar nuevas oportunidades.

Combatir los pensamientos negativos sobre ti misma es vital para vencer las dudas. Siempre que te sorprendas pensando algo negativo, como "se me dan fatal las matemáticas", intenta cambiarlo por algo positivo, como "puedo mejorar en matemáticas con la práctica". Esto te ayudará a cambiar de mentalidad.

Salir de tu zona de confort también es crucial. Manejar el miedo y salir de tu zona de confort es importante para el desarrollo personal (Harris, 2022). Empieza con pequeños pasos, como probar una actividad nueva o hablar delante de tus compañeros. Sentir un poco de miedo está bien, pero seguir adelante puede ayudarte a descubrir puntos fuertes ocultos. Imagina unirte a un club de debate para superar el miedo a hablar en público y convertirte en una oradora segura de sí misma.

Las afirmaciones positivas y la visualización pueden mejorar mucho tu mentalidad. Repitiendo frases positivas como "Me lo merezco, soy capaz y soy suficiente", puedes combatir las dudas y desarrollar un poderoso sentimiento de confianza en ti misma. Prueba también a imaginarte triunfando, una técnica que utilizan incluso los mejores atletas para prepararse para grandes acontecimientos.

Recuerda que superar el miedo y las dudas sobre uno mismo forma parte del crecimiento. Nelson Mandela lo dijo mejor "El valor no es la ausencia de miedo, sino el triunfo sobre él". Afrontar estos retos de frente te ayuda a darte cuenta de tu verdadero potencial y a cambiar tu vida a mejor.

Antes de terminar esta sección, me gustaría compartir dos historias reales e inspiradoras de chicas que vencieron las dudas sobre sí mismas y alcanzaron el éxito, empezando por lahistoria de Malala Yousafzai.

Malala Yousafzai, de Pakistán, es un ejemplo fantástico de cómo vencer las dudas y marcar una gran diferencia. Creció en el valle de Swat y defendió valientemente el derecho de las niñas a aprender, incluso cuando los talibanes intentaron intimidarla. Cuando sólo tenía 15 años, un talibán le disparó en la cabeza mientras iba a la escuela. Milagrosamente, sobrevivió, lo que la hizo más fuerte y decidida. En lugar de rendirse ante el miedo, se convirtió en una poderosa voz a favor de la educación de las niñas en todo el mundo. Su duro trabajo y su valentía dieron sus frutos cuando ganó el Premio Nobel de la Paz con sólo 17 años, convirtiéndose en la persona más joven en recibir este honor. Malala continúa su lucha por la educación y la igualdad de las niñas de todo el mundo con su Fondo Malala, inspirando a los jóvenes para que superen sus dudas y persigan sus sueños.

Serena Williams es una de las tenistas más increíbles de la historia. Se ha enfrentado a un montón de retos, como dudar de sí misma y enfrentarse a un trato injusto debido a su género y raza. Creció en Compton, California, en una familia con recursos limitados, lo que hizo que perseguir su sueño de jugar al tenis profesionalmente fuera extremadamente difícil. Pero el increíble talento y el duro trabajo de Serena la ayudaron a llegar a lo más alto. Ha ganado 23 títulos individuales de Grand Slam, más que ninguna otra tenista en los últimos tiempos. Serena es una auténtica leyenda, no sólo por sus victorias, sino por demostrar su determinación, pasión y capacidad para recuperarse. Ha hablado abiertamente de sus luchas, como sentirse insegura con su cuerpo, ser madre mientras juega al tenis al más alto nivel y vencer las dudas sobre sí misma. Su historia es muy inspiradora y muestra a las niñas y mujeres de todo el mundo que pueden superar las dudas y alcanzar sus sueños, sea cual sea el campo en el que se muevan. Serena demuestra que puedes hacer cosas increíbles si crees en ti misma y sigues luchando en los momentos difíciles.

Por último, es importante fomentar la confianza en tus interacciones y crear relaciones sólidas. Expresa tus ideas con seguridad, establece límites claros y rodéate de personas que te apoyen. Esto te ayuda a crecer emocionalmente y a establecer relaciones duraderas y positivas.

Irradiar confianza en las relaciones

Imagina ser un adolescente que es superbueno mostrando confianza en las relaciones desarrollando límites sanos, fomentando amistades que te apoyen y comunicándote de manera efectiva.(Harris, 2022). Eso puede hacer que tus amistades sean fuertes y ayudarte a crecer como persona.

Hablemos ahora de Lorna, de Nashville. Se sentía fuera de lugar, insegura de sí misma porque no encajaba enlos estándares que la sociedad tenía del éxito y la belleza. Pero en el fondo, Lorna sabía que era más de lo que la gente veía.

Lorna decidió aceptarse tal como era. Empezó a seguir sus sueños, utilizando el arte y la danza para mostrar su auténtico yo. Claro que algunas personas dudaron de ella porque no seguía el camino habitual, pero Lorna no dejó que eso la detuviera. Encontró amigos que realmente la comprendían y la ayudaron a ver su verdadera valía.

A medida que crecía, la confianza de Lorna empezó a florecer. Aprendió a ignorar las voces negativas y a celebrar incluso sus victorias más pequeñas. Se dio cuenta de que aceptarse a uno mismo es una aventura sin fin.

La autenticidad de Lorna atrajo a otras personas que también intentaban encontrarse a sí mismas. Formaron una comunidad que valoraba la diversidad y apoyaba los caminos únicos de los demás.

El viaje de Lorna le enseñó la importancia de amarse y aceptarse a uno mismo. Encontró la felicidad siendo fiel a quien era. A medida que avanzaba por la vida, inspiró a otras chicas, mostrándoles que ellas también podían aceptar lo que son e iniciar sus propiose increíbles viajes hacia la autoaceptación.

A continuación

Construir una confianza fuerte y reconocer tu poder y potencial es algo muy importante. Se trata decomprenderte, estar bien con lo que eres y dar pasos para crecer. Aquí tienes un rápido resumen de lo que hemos aprendido sobre cómo aumentar la confianza:

- **Autorreflexión:** Es importante que reflexiones sobre aquello en lo que crees, lo que valoras y a lo que aspiras. Esto te ayuda a ser tu verdadero yo cuando haces cosas. Saber en qué eres buena y qué has conseguido en el pasado te ayuda a sentirte más segura de ti misma.

- **Autoaceptación:** Tienes que aceptar tus errores y las cosas en las que no eres tan buena. Todo el mundo mete la pata alguna vez, y eso está bien. Aprender a ser amable contigo misma, incluso cuando te equivocas, es un gran paso para aumentar la confianza.

- **Autoconversación y afirmaciones positivas:** La forma en que te hablas a ti misma es importante. Elegir palabras que te animen aumenta tu confianza en lo que puedes hacer.

- **Actúa:** Fíjate objetivos que puedas alcanzar, siéntete orgullosa de las pequeñas victorias, no te rindas cuando las cosas se pongan difíciles. Esto ayuda a construir una mentalidad fuerte y segura.

- **Un proceso que dura toda la vida:** El desarrollo de la confianza no se produce de la noche a la mañana. Requiere un esfuerzo continuo y autocompasión. Cuanto más practiques estas cosas, más confianza adquirirás.

En el próximo capítulo, nos sumergiremos en cómo afrontar el estrés y crear una vida equilibrada. Aprenderás a afrontar los retos con determinación, a llevar una vida más sana y a utilizar estrategias ingeniosas para hacer frente al estrés, haciéndote másfuerte y equilibrada.

Capítulo 3

Gestiona el estrés y la adversidad – Encuentra tu equilibrio

"Sonríe, respira y vedespacio". -Thich Nhat Hanh

La vida de un adolescente puede ser alocada y estar llena de cosas con las que hacer malabarismos, desde el estrés escolar al drama social y todo lo demás. Puede llegar a ser bastante abrumador, ¿verdad? Bueno, es importante que sepas que no eres la única que se siente así. ¿Sabías que el 80% de las chicas de tu edad sufren estrés con reguln gran problema, pero no te preocupes, ¡te cubrimos las espaldas! En este capítulo, nos sumergiremos en cómo manejar el estrés como una jefa y crear aridad, y 1 de cada 3 de nosotras incluso se siente tan abrumada que llega al punto de agotarse? Sí, es uuna vida equilibrada.

Empecemos hablando de por qué esto es tan importante. Las estadísticas pueden parecer aterradoras, pero nos demuestran que tenemos que tomarnos en serio el estrés. Vamos a hablar de temas de autocuidado como hacer ejercicio, dormir lo suficiente y comer bien para mantener nuestra energía y estar sanos. Además, hablaremos de técnicas de atención plena y relajación que nos ayudarán a encontrar la paz en medio de la locura.

Pero aquí está el ingrediente secreto: ¡crear un equipo de apoyo! Compartiremos lo importante que es hablar abiertamente con adultos de confianza y hacer amistades fuertes que nos cubran las espaldas. Utilizando estos trucos, podrás enfrentarte al estrés sin rodeos y crear una vida relajada y satisfactoria, incluso cuando el mundo parezca una montaña rusa.

¡Vamos a ello! Para controlar el estrés, exploraremos temas de autocuidado como mantener un horario de sueño sólido, mantenerse activo y comer sano. Además, hablaremos de la gestión del tiempo, de establecer límites y de asegurarnos de que tenemos tiempo para las cosas que nos hacen felices.

También compartiremos algunos consejos útiles para combatir el estrés, como la atención plena, la respiración profunda y el agradecimiento por lo que tenemos. Formar un grupo de personas que te apoyen también es importante, así que hablaremos sobre cómo ser realista con los adultos en los que confías y sobre cómo encontrar amigos que te apoyen. Tener personas con las que hablar y en las que apoyarte puede marcar una gran diferencia.

Comprender el estrés y lo que provoca

Seguramente te habrás dado cuenta de que ser adolescente puede ser muy estresante. Lo entendemos. Tienes cosas del colegio, cosas sociales y cosas de la vida con las que lidiar. El estrés es como la forma que tiene tu cuerpo de decirte: "¡Hey, baja la velocidad, chica!". Es totalmente normal, pero puede fastidiarte la cabeza y el cuerpo si no lo manejas bien.

Esto es lo que hay: el estrés no es más que la reacción de tu cuerpo a todas las cosas que ocurren a tu alrededor. Es la forma que tiene tu cerebro de decir: "¡Eh, esto es mucho que manejar!". Así que es importante saber qué es lo que te estresa. Pueden ser los deberes, los amigos o cosas de la familia. Cuando sepas lo que te molesta, podrás empezar a hacer algo al respecto.

Comprender el estrés es como conocer a tu enemigo. La mayoría de nosotros sabemos cuándo el estrés se está colando en nuestras vidas. Sabemos que el colegio, los amigos y otras cosas pueden ponernos nerviosos. Piénsalo: prepararse para exámenes, lidiar con el drama dela amistad o manejar cosas extraescolares puede hacer que nuestros niveles de estrés se disparen.

Pero aquí viene lo bueno: una vez que identificas qué te estresa, puedes empezar a abordarlo. Por ejemplo, si sabesque las redes sociales son una gran fuente de estrés, puedes limitar tu tiempo en ellas y hacer cosas que te ayuden a relajarte. Y no olvides que el estrés también puede afectar a tu cuerpo, como alterar el sueño, dificultar la concentración o incluso provocar problemas físicos como dolores de cabeza o problemas de estómago. Pero si sabes esto, puedes centrarte en cuidarte y manejar el estrés como una experta.

Para evitar que el estrés se apodere de ti, tenemos un montón de trucos que compartir contigo. Hablamos de cosas como la atención plena, la respiración profunda y encontrar cosas por las que dar las gracias. Y no te olvides de tu equipo de apoyo: tener gente con la que hablar y a la que pedir consejo cambia las reglas del juego.

Encuentra tus desencadenantesde estrés

Ahora hablemos de algo superimportante: saber qué te estresa. Cada chica es diferente, y lo que te molesta a ti puede no molestar a otra persona. Es como tener tus propios desencadenantes personales del estrés. Una vez que sepas cuáles son los tuyos, podrás empezar a averiguar cómo tratarlos.

Piensa en lo que te estresa. ¿Son las tareas escolares, los asuntos familiares o el drama con los amigos? Una vez que sepas qué es lo que te estresa, estarás en camino de manejarlo mejor. Por ejemplo, si sabes que los exámenes te estresan, puedes dividir el estudio en partes más pequeñas para que no sea tan abrumador. Y recuerda que no pasa nada por pedir ayuda o tomarte un respiro cuando lo necesites. ¡Sé amable contigo misma!

Una vez que conozcas tus desencadenantes de estrés, es hora de idear algunas estrategias de autocuidado. Son cosas que puedes hacer para cuidar de tu bienestar mental y físico. Es como darte un poco de cariño.

Quizá descubras que hacer ejercicio, escribir un diario o hablar con un amigo te ayuda a relajarte y a sentirte mejor. Y no olvides ser amable contigo misma: no pasa nada por tomarte un descanso y pedir ayuda cuando la necesites. Practicando el autocuidado y siendo amable contigo misma, ¡te convertirás en una superestrella antiestrés!

He aquí la primicia: todos tenemos nuestros propios desencadenantes de estrés, cosas que nos ponen nerviosos. Pueden ser cosas del colegio, de la familia o lo que sea. Cuando sepas qué es lo que te estresa, podrás empezar a enfrentarte a ello. Recuerda ser tu mejor amiga.

Relájate y encuentra la paz

Ahora, hablemos de algunas formas geniales de mantener bajo control tus niveles de estrés. Un arma secreta es la atención plena: se trata de estar presente en el momento y prestar atención a tus pensamientos y sentimientos sin juzgarte. La atención plena puede ayudarte a reducir el estrés, a concentrarte mejor y a sentirte más feliz.

Una forma de practicar la atención plena es mediante ejercicios de respiración profunda y meditación guiada. Son herramientas superpoderosas para calmar tu mente. Dedicando unos minutos al día a respirar profundamente o a hacer una meditación rápida, puedes encontrar tu zen interior y mantener a raya el estrés.

No te olvides de las técnicas de relajación. Se trata de darte un respiro. Puedes darte baños calientes, hacer yoga o escuchar tus canciones favoritas para relajarte. Se trata de encontrar lo que te ayuda a relajarte y convertirlo en parte de tu rutina. ¡Te lomereces!

También es una gran idea hablar con tu equipo de apoyo sobre mindfulness. Compartir tu experiencia con adultos y amigos de confianza puede ser muy útil. Pueden darte consejos, y pueden aprender y crecer juntos.

Establece límites y gestiona tu tiempo para tener éxito

Muy bien, ahora abordemos la gestión del tiempo y el establecimiento de límites. Estas habilidades son como las llaves del éxito. Aprenderás a priorizar tareas, a utilizar tu tiempo sabiamente y a decir no cuando sea necesario. Esto te ayudará a superar tus deberes, seguir tus pasiones, mantener relaciones sanas y disfrutar de las cosas buenas de la vida.

En primer lugar, la gestión del tiempo. Se trata de hacer un horario que funcione para ti. Puedes anotar tus asuntos escolares, extraescolares y cualquier cosa que quieras hacer para divertirte. De este modo, puedes ver tu tiempo y planificarlo como una pro.

A continuación, aprende a priorizar. Averigua qué es superimportante y aborda esas tareas primero. De este modo, terminarás las cosas importantes antes de pasar a lo secundario.

Divide las tareas en partes más pequeñas para no agobiarte. Los grandes proyectos pueden asustar, pero si los divides en tareas más pequeñas, avanzarás y no procrastinarás.

Y por favor, por favor, ¡evita la multitarea! Puede parecer una buena idea, pero en realidad puede hacerte menos productiva. Céntrate en una cosa cada vez, termínala y pasa a la siguiente.

Ahora, hablemos de establecer límites con la tecnología y las redes sociales. A todos nos encantan nuestros dispositivos, pero a veces pueden apoderarse de nuestras vidas. Así que establece algunas normas, como tener zonas o momentos libres de tecnología. Por ejemplo, nada de teléfonos durante las comidas o antes de acostarse.

Limita también el tiempo que pasas en las redes sociales. Es fácil perderse haciendo *scroll* sin parar, así que utiliza aplicaciones que te ayuden a controlar y limitar tu tiempo en ellas.

¿Y esas notificaciones? Pueden distraerte mucho, así que considera la posibilidad de desactivar las que no sean esenciales cuando estés estudiando o haciendo cosas importantes para mantenerte concentrada y hacer más cosas.

Por último, recuerda dedicar tiempo al cuidado personal y a la relajación. Programa actividades que te hagan feliz, como hacer ejercicio, leer o simplemente relajarte con tus seres queridos. Es esencial que te cuides y pongas en primer lugar tu salud mental y física.

Recuerda, estas habilidades son tu boleto al éxito, y te serán útiles incluso cuando ya no seas adolescente. Así que empieza a practicar ahora, y serás una superestrella a la hora de equilibrar tu vida.

La historia de Bella Holden

Dediquemos un momento a hablar de Bella Holden. Era como una fuerza de la naturaleza en la soleada Arizona, llena dedeterminación y energía, dispuesta a conquistar el mundo. Pero bajo su vibrante exterior, se enfrentaba a una batalla silenciosa. Bella estaba atrapada en el implacable estrés que afecta a muchas adolescentes hoy en día.

En el penúltimo año de instituto, Bella se ahogaba entre la presión académica y los compromisos extraescolares. Estaba decidida a conseguir un cupo en una universidad prestigiosa, pero este empeñola llevaba al borde del abismo. Sus días eran un torbellino de clases avanzadas, prácticas deportivas y cursos de preparación para la universidad.

Dormir se convirtió en un sueño lejano para Bella. Se pasaba las noches estudiando para los exámenes o perfeccionando las redacciones de la universidad, sin tiempo para descansar. El peso de las expectativas pesaba sobre ella, robándole la relajación que tanto necesitaba.

Físicamente, el cuerpo de Bella se rebelaba contra el estrés constante. Su energía, antes ilimitada, se desvaneció y fue sustituida por una fatiga persistente. Los dolores de cabeza se convirtieron en una compañía constante, un recordatorio de la creciente presión. Incluso su sistema inmunitario cedió y empezó a enfermar con más frecuencia.

En medio de este caos, la vida social de Bella se resintió. Sus amistades se desmoronaban bajo el peso de su apretada agenda, y se sentía sola. Ansiaba compañía, pero se sentía atrapada en un ciclo de obligaciones.

Afortunadamente, la historia de Bella dio un giro positivo. Al darse cuenta de los estragos que le estaba causando el estrés, pidió ayuda a unos profesores que la apoyaban y a su cariñosa familia. La animaron a priorizar el cuidado personal y a buscar momentos de paz. Le recordaron que su valía no se basaba únicamente en sus logros, sino también en su felicidad y bienestar.

Con su apoyo, Bella inició un viaje de autodescubrimiento. Aprendió a poner límites, a decir "no" cuando era necesario y a explorar técnicas de atención plena. Poco a poco, recuperó su autonomía y aprendió a controlar el estrés.

La historia de Bella es un poderoso recordatorio de los retos a los que se enfrentan las adolescentes como ella. Pone de relieve la necesidad urgente de que la sociedad dé prioridad a la salud mental y al bienestar, ofreciendo apoyo y recursos para ayudar a estas jóvenes guerreras a librar sus batallas silenciosas. Permanezcamos juntos, ofreciendo comprensión, compasión y las herramientas para navegar por los mares tormentosos de la adolescencia.

A continuación

En este capítulo, nos hemos adentrado en el mundo de la gestión del estrés y el agobio en chicas adolescentes. Hemos hablado de las cosas que nos estresan, como la presión escolar, las expectativas sociales y la interminable presencia de la tecnología. También hemos explorado cómo el estrés crónico puede afectar a nuestros cuerpos y mentes, subrayando la importancia del equilibrio y el autocuidado.

Entonces, ¿cuál es la clave de este capítulo? Gestionar el estrés y el agobio es crucial para mantener nuestra vida en armonía. Practicando el autocuidado y utilizando estrategias de afrontamiento saludables, nos proveemos de las herramientas necesarias para afrontar los retos y mejorar nuestro bienestar general.

En el capítulo 4, profundizaremos en el tema de adoptar una imagen corporal positiva y celebrar la belleza de la diversidad. En el mundo actual, las chicas nos enfrentamos a menudo a unos cánones de belleza poco realistas que pueden hacernos sentir inadecuadas. Mostraremos cómo los medios de comunicación y las presiones sociales influyen en nuestra autoimagen y te animaremos a que ames y aprecies tu cuerpo único, sabiendo que la belleza viene en todas las formas, tamaños y colores. Si adoptas una imagen corporal positiva y celebras la diversidad, aumentarás tu autoestima y confianza, fomentando tu bienestar mental y emocional.

Capítulo 4

Celebra la diversidad corporal

"Tu cuerpo es una obra de arte, abrázalo con amor y cuidado. Es el único que tienes y es único". - Desconocido

¿Has pensado alguna vez por qué todos parecemos perseguir el cuerpo "perfecto", que nos imponen desde las vallas publicitarias hasta nuestros feeds de Instagram, en lugar de amar a la variedad de personas que existen? Este capítulo aborda el importantísimo tema de sentirte bien con tu propio cuerpo y por qué es estupendo celebrar la singularidad de cada persona.

La sociedad nos tiene persiguiendo cánones de belleza imposibles con todas esas fotos de cuerpos perfectos y *photoshopeados* por todas partes. Esta presión constante hace que muchos de nosotros nos sintamos deprimidos por nuestro aspecto, no estemos contentos con nuestros cuerpos y a veces incluso adquiramos malos hábitos para intentar encajar en estos estrechos ideales de belleza. Ya es hora de que empecemos a cuestionar estos estándares falsos y nos entusiasmemos con lo diferentes y cool que somos todos.

Vamos a examinar detenidamente cómo los anuncios, las películas e incluso la cultura que nos rodea interfieren en cómo nos vemos a nosotros mismos, impulsando esta idea de que sólo hay una forma de ser "bello".

Pensando en cómo nos afecta todo esto, podemos empezar a luchar contra estas ideas dañinas y sentirnos mejor con nosotros mismos.

Lo más importante para sentirte bien con tu aspecto es comprender que cada persona es diferente, y que eso es lo que nos hace a todos especiales. Compartiremos algunas historias y ejemplos que muestran lo importante que es incluir a todo el mundo y ver la belleza en todas las formas y tamaños. Al aprender a amar tu propio cuerpo y a no perder el tiempo comparándote con los demás, empezarás a sentirte más segura de ti misma y a centrarte en lo que realmente importa: estar sana y feliz y hacer cosas que te hagan sentir bien.

Así que dejemos a un lado esos objetivos de belleza poco realistas y empecemos a celebrar lo que nos hace únicas a cada una de nosotras. Con un poco de amor propio, un poco de atención plena y el apoyo de amigos y familiares, puedes descubrir cómo ser feliz contigo misma tal como eres.

Desafía los estándares de belleza poco realistas y los mensajes de los medios de comunicación

En el mundo en que vivimos, atiborrado de Instagram y portadas de revistas, parece que hay mucha presión sobre el aspecto que deberíamos tener, especialmente en los adolescentes. Parece que mires donde mires, hay una imagen perfecta de lo que se supone que debe ser la belleza, pero ¿sabes qué? Gran parte de ella ni siquiera es real. Se trata de desafiar esos estándares imposibles que nos imponen los medios decomunicación.

Entonces, ¿cómo te defiendes? Empieza por ser objetiva con lo que ves en Internet y en las revistas. Debes saber que muchas de esas imágenes "impecables" están muy editadas y no muestran la increíble variedad de personas reales que hay ahí fuera. Se trata de ver más allá de las apariencias y amar a tu verdadero yo.

Tienes el poder de cambiar el juego. Apoya y sigue a personas y marcas que celebren todos los tipos de belleza: diferentes formas, colores y tamaños. Se trata de hacer ruido por lo que es real y de oponerse a esas "reglas" de belleza de la vieja escuela.

Las redes sociales pueden ser complicadas, ¿verdad? Pueden deprimirte cuando te comparas con los demás. Pero esto es lo que hay: tú controlas tu feed. Llénalo de vibraciones positivas y de gente que te eleve, no que te deprima. Y recuerda, está bien si te tomas un descanso de la pantalla para cuidarte.

Fortalecer tu autoestima es fundamental. Recuérdate que eres algo más que una selfie. Tienes talentos, sueños y un montón de cosas que te hacen ser tú. Celebrar eso es la verdadera belleza.

Enfrentarse a los cánones debelleza es algo más que el trabajo de una sola persona. Se trata de que todos seamos más inteligentes sobre lo que vemos, compartamos la realidad y nos apoyemos mutuamente. De este modo, no sólo cambiamos nuestra forma de ver la belleza, sino que también preparamos el terreno donde todos puedan sentirse bien siendo quienes son. ¡Hagámoslo realidad!

Cuídate y sé agradecida

Cuidar tanto tu mente como tu cuerpo es esencial para sentirte bien contigo misma. Esto significa hacer ejercicio, comer alimentos que te hagan sentir bien y dormir lo suficiente. También es necesario un tiempo de relajación, ya sea meditando, escribiendo tus pensamientos o simplemente pasando el rato en la naturaleza.

Amar y aceptar tu cuerpo por lo que es forma una parte importante del autocuidado. Se trata de celebrar lo que te hace única y centrarte en tus puntos fuertes en lugar de obsesionarte con tu aspecto. Las vibraciones positivas y dejar a un lado los pensamientos negativos pueden mejorar la forma en que te ves a ti misma.

Para todas las chicas, es momento de dejar atrás esos viejos cánones de belleza. La belleza no es de talla única: es de todas las formas, colores y tamaños. Abandona el juego de las comparaciones y aplaude el aspecto único de cada una. Apoyando a las marcas y a las personas que lo entienden e impulsando todos los tipos de belleza en los medios de comunicación es como empezaremos a cambiar las reglas del juego.

El autocuidado no es sólo una palabra de moda: se trata de aumentar tu confianza en ti misma y de que te guste quien eres. Si sigues un plan de autocuidado, amas tu cuerpo y celebras los diferentes aspectos de cada persona, no sólo te ayudas a ti misma, sino que también animas a los demás a sentirse fabulosos. Así que hagamos que sentirnos bien con nosotras mismas sea una prioridad y mostremos al mundo el verdadero significado de la belleza.

Desarrolla una relación sana con la comida

Crear un estilo de vida sano es cuestión de equilibrio, no de eliminar grupos enteros de alimentos ni de esforzarte demasiado en el gimnasio. Se trata de llenar tu plato con una mezcla de frutas, verduras, cereales integrales, proteínas y grasas que te hagan sentir bien. Y cuando se trate de mantenerte activo, elige actividades que te gusten en lugar de ejercitarte sólo para lograr cierto aspecto.

Es esencial que estés atenta a las señales que indican que tus hábitos alimenticios pueden estar desviándose del camino correcto, como por ejemplo si no comes lo suficiente, si comes demasiado de una vez o si no puedes dejar de pensar en tu peso y en la comida. Si notas que esto ocurre, es una buena idea que hables con alguien de confianza, como un familiar, un profesor o un médico. Aprender sobre los riesgos de los trastornos alimenticios y estar en un espacio en el que todos puedan hablar de la imagen corporal con naturalidad puede ayudar mucho a detectar los problemas a tiempo.

Desarrollar una actitud relajada hacia la comida significa escuchar las señales de hambre de tu cuerpo, disfrutar de la comida sin culpabilidad y deshacerte de las etiquetas de comida "buena" o "mala". Es fundamental aceptar cada comida con una actitud positiva y saber que está bien darse un capricho. Además, se trata de ver tu cuerpo de forma positiva, valorándolo por lo que puede hacer, no sólo por su aspecto.

Para las adolescentes, adquirir estos hábitos puede sentar las bases para sentirse bien consigo mismas y con sus elecciones alimentarias de por vida. Si te centras en una alimentación equilibrada, comprendes y abordas cualquier problema alimentario y amas tu cuerpo por lo maravilloso que es, estarás preparándote para ser más feliz y estar más sana.

El viaje de Sarah y Emily

En un lugar acogedor de la cafetería de su instituto de Nueva Jersey, dos amigas, Sarah y Emily, solían conversar sobre lo mal que la estaban pasando con su imagen corporal. Eran muy duras consigo mismas, intentando igualar los imposibles cánones de belleza que veían en todos los medios de comunicación, lo que las llevaba por caminos poco saludables.

Un día, mientras se desahogaba por todo esto, Sarah encontró una cita que le impactó: "La belleza no consiste en lo que ves en el espejo, sino en la bondad de tu corazón y la fuerza de tu espíritu". Esta cita tocó la fibra sensible de ambas, despertando un sentimiento de autoaceptación y un impulso para romper con la estrecha visión de la belleza que impone la sociedad.

Juntas iniciaron un viaje de autodescubrimiento. Se pusieron en contacto con personas que podían orientarlas y aprendieron a comer bien, no para castigarse, sino para alimentar su cuerpo. También encontraron formas divertidas de mantenerse activas que les hicieran sentirse bien, en lugar de hacer ejercicio sólo para tener un aspecto determinado.

Poco a poco, Sarah y Emily consiguieron dejar atrás sus problemas de imagen corporal. Dejaron de buscar la aprobación de los demás y empezaron a apreciarse y quererse a sí mismas. Encontraron una comunidad que celebraba la singularidad de cada persona y fomentaba la positividad corporal.

A medida que iban ganando confianza, Sarah y Emily empezaron a difundir la importancia de una imagen corporal sana y de comer bien. Querían que todo el mundo supiera que la verdadera belleza consiste en ser uno mismo y cuidar el cuerpo y la mente. Su historia inspiró a otras personas que estaban luchando, mostrándoles que es totalmente posible dejar de lado las expectativas sociales y adoptar un enfoque de la vida más saludable y con mayor autoaceptación.

Su viaje nos recuerda a todos que la verdadera autoaceptación y una relación positiva con la comida procedende la amabilidad hacia nosotros mismos, la determinación y la creencia de que la belleza es mucho más que la apariencia.

A continuación

Concluyendo este capítulo, vamos a dejar atrás la tóxica persecución de un supuesto cuerpo perfecto y dar la bienvenida al poder de la diversidad con los brazos abiertos. Al aprender a ver la belleza en ti misma tal como eres, no sólo estás cambiando tu vida, sino también haciendo que nuestro mundo sea más tolerante y amable. Ya es hora deque celebremos la belleza única de cada persona, independientemente de su tamaño, forma o aspecto, y trabajemos por un futuro en el que se valore todo tipo de belleza.

Los medios de comunicación influyen enormemente en cómo vemos la belleza, bombardeándonos con imágenes perfectas y retocadas por todas partes. Pero ahora que sabemos lo perjudiciales que pueden ser estos estándares falsos, podemos empezar a querernos por lo que somos.

Pensando en lo que has aprendido en este capítulo, pregúntate:

¿Cómo ha cambiado esto mi visión de la imagen corporal influida por la sociedad?

¿Me siento más preparada para oponerme a estos cánones de belleza poco realistas y apreciar todos los tiposde belleza?

¿Cómo puedo difundir esta actitud positiva para ayudar a los demás a que también se sientan bien consigo mismos?

Al cerrar este capítulo sobre la positividad corporal y la celebración de la diversidad, estamos a punto de sumergirnos en el capítulo 5. En el mundo actual, en el que siempre estamos conectados, cuidar de nuestra salud mental es crucial. Este próximo capítulo explorará cómo nos afecta el exceso de tiempo frente a la pantalla, por qué es importante establecer algunos límites y cómo la creación de hábitos saludables puede impulsar nuestro bienestar mental.

Capítulo 5

Crea equilibrio en un mundo hiperconectado

Respiraré, pensaré en soluciones, no dejaré que mi preocupación me controle. No dejaré que mi nivel de estrés me doblegue. Simplemente respiraré. Y todo irá bien. Porque yo no me rindo. - ShayneMcClendon

¿Te has dado cuenta alguna vez de lo pegados que estamos a nuestras pantallas y de lo que eso hace en nuestras cabezas? Este capítulo analiza cómo el hecho de estar superconectados todo el tiempo afecta a la salud mental de las adolescentes. Claro que la tecnología es genial por un montón de razones, pero hay un inconveniente que no podemos ignorar.

Imagina esto: tu día está lleno de notificaciones interminables, tus ojos apenas se apartan de la pantalla y tu cerebro intenta seguir el ritmo de la interminable charla en línea. ¿Se parece a tu vida? Pues este capítulo trata de darle al botón de pausa. Es hora de desconectar un poco del ruido digital y centrarse en el bienestar mental.

Descubriremos por qué es fundamental encontrar un buen equilibrio con nuestro uso de la tecnología. ¿Demasiado tiempo frente a la pantalla? Altera tu sueño, puede provocarte ansiedad o depresión, e incluso dificulta la concentración. Pero no te preocupes; te ofrecemos algunos consejos sólidos para utilizar tus dispositivossin dejar que se apoderen de tu vida.

A continuación, exploraremos cómo ser más consciente y vivir el momento. Probaremos algunos ejercicios y trucos que te ayudarán a calmar tu cerebro, reducir el estrés y conocerte mejora ti misma. Además, verás cómo conectar con la naturaleza, ser creativa y mantener conversaciones cara a cara con la gente pueden marcar una gran diferencia.

Así que, si estás preparada para tomar el control y encontrar la paz en este mundo hiperconectado, este capítulo es para ti. Aprendamos a desconectar del ruido, a sintonizar con nosotros mismos y a crear una mente más sana y feliz.

Reconocer la influencia de la tecnología y los signos de sobrecarga y adicción digital

La tecnología está en todas partes, ¿verdad? Nuestros teléfonos, juegos, redes sociales... es como si viviéramos conectados. Pero, ¿alguna vez te has parado a pensar en el efecto que esto tiene en nosotros? Este capítulo explora cómo el exceso de tiempo frente a la pantalla puede afectar nuestra mente y cómo afrontarlo.

En primer lugar, hablemos de por qué no es bueno que te quedes horas mirando el móvil o jugando. ¿Alguna vez te has sentido deprimida después de navegar por Instagram o TikTok durante horas? Eso es porque ver todas esas vidas "perfectas" puede hacernos sentir que no estamos a la altura. Y no se trata sólo de sentirse deprimida. Mirar pantallas todo el tiempo puede alterar tu sueño y dificultar tu concentración.

Ahora bien, ¿cómo sabes siestás enganchada a la tecnología? Algunas señales son: sentirte ansiosa si no revisas el teléfono, ignorar las cosas de la vida real para pasar el rato en Internet y ponerte nerviosa si intentas reducir tu consumo. ¿Notas que haces algo de esto? Puede que sea el momento de replantearte cómo utilizas la tecnología.

Entonces, ¿qué puedes hacer al respecto? Ser el jefe de tu uso de la tecnología es clave. Intenta, por ejemplo, no usar el celular en la cena o apagar las pantallas una hora antes de dormir. Recuerda que hay todo un mundo fuera de tu pantalla. Activarte, dedicarte a un hobby o simplemente relajarte con amigos y familiares puede hacerte sentir mucho mejor.

En resumen, la tecnología es genial, pero todo depende de cómo la utilices. Demasiada puede ser deprimente, pero si consigues el equilibrio adecuado, te sentirás genial. Presta atención a cómo te afecta la tecnología, establece algunos límites y asegúrate de que vives tu mejor vida, tanto en la red como fuera de ella.

Controlar tu uso de la tecnología es fundamental para mantener la cabeza en su sitio. Si eres inteligente con el tiempo que pasas frente a la pantalla, reconoces cuándo se está convirtiendo en un problema y encuentras un equilibrio saludable, podrás sacar el máximo partido de la tecnología sin dejar que afecte a tu bienestar mental y emocional. Recuerda, se trata de utilizar la tecnología como una herramienta para mejorar tu vida, no de dejar que se apodere de ella.

Practica hábitos digitales conscientes

En esta era superdigital, toda nuestra vida parece estar en Internet. Pero es esencial que nosotras las mujeres, y especialmente las adolescentes, seamos inteligentes sobre cómo utilizamos nuestra tecnología. Hablemos de tomar algunas medidas inteligentes para mantener nuestra vida digital sana y positiva.

En primer lugar, establecer límites con la tecnología es fundamental. Imagina que tienes ciertos momentos o lugares en los que no utilizas el teléfono o el ordenador. Por ejemplo, cuando estés haciendo los deberes o pasando el rato con tu familia, mantén las pantallas apagadas. ¿Y qué te parece convertir tu dormitorio en una zona sin teléfono por la noche? Esto puede ayudarte a dormir mejor sin todas esas notificaciones y luz azul interrumpiendo tu descanso. Se trata de que latecnología no se adueñe de todos los aspectos de tu vida.

Además, debes ser consciente de lo que haces en Internet. En lugar de hacer *scroll* sin parar o compararte con todas las fotos perfectas que ves, intenta seguir a gente o unirte a grupos que realmente signifiquen algo para ti. Ya sabes, donde puedas aprender, compartir ideas o simplemente sentirte bien siendo tú misma. Y oye, ¿por qué no difundes tú también algo de esa positividad? Comparte cosas que te inspiren, apoya causas en las que creas o alegra un poco el día a alguien.

Utilizar la tecnología para expresarte y crecer es otra forma estupenda de hacerlo. Ya sea escribiendo, fotografiando o haciendo cualquier otra cosa creativa, hay montones de herramientas digitales que puedes explorar. Crear un blog o un videoblog puede ser una forma estupenda de compartir tus pensamientos y experiencias con los demás. Además, hay muchos cursos y tutoriales en línea que pueden ayudarte a aprender nuevas habilidades y a profundizar en tus intereses.

Vivir en este mundo digital tiene sus retos, pero también está lleno de oportunidades. Si estableces algunos límites, eliges sabiamente cómo pasas el tiempo en Internet y utilizas la tecnología para expresarte y aprender cosas nuevas, puedes hacer que tu vida digital funcione a tu favor. Recuerda, se trata de encontrar el punto óptimo en el que utilices la tecnología de una forma que te haga sentir bien y sea adecuada para ti.

Conecta con los demás y cuida de ti misma

En el mundo actual, en el que todo gira en torno a los "me gusta", "compartir" y "seguir", es muy importante recordar que hay que conectar con la gente cara a cara y cuidarse más allá de la pantalla. A continuación, te explicamos cómo equilibrar tu vida online y offline, manteniendo tu salud mental bajo control y encontrando la alegría en las pequeñas cosas.

En primer lugar, los contactos en la vida real son muy importantes. Claro que las redes sociales son geniales para conocer gente y estar en contacto, pero no hay nada mejor que salir con tus amigos en persona. Ya sea tomando un café, yendo de excursión o simplemente relajándote en el parque, estos momentos reales construyen amistades más fuertes que cualquier conversación online. Dedica tiempo a estos encuentros; son lo mejor de la vida.

Además, está toda la onda del autocuidado. No es sólo una moda; se trata de asegurarte de que te sientes bien por dentro y por fuera. Esto significa hacer cosas que te ayuden a relajarte y a despejarte, como meditar, escribir en un diario o simplemente darte un largo baño con tu música favorita de fondo. Se trata de darte un respiro y hacer cosas que te hagan feliz.

Recuerda dejar fluir tu creatividad. Dedicarte a aficiones como pintar, escribir o incluso hornear puede ser muy relajante y una forma estupenda de expresarte. Se trata deencontrar lo que te gusta y hacerlo con regularidad. Además, es un descanso del interminable *scroll* de tu teléfono.

Equilibrar tu vida en esta era digital puede ser todo un reto. Sin embargo, si te centras en las conexiones reales, cuidas de tu salud mental y eres creativa, puedes hacer que funcione. Se trata de disfrutar de lo mejor de ambos mundos manteniendo tu bienestar en primer plano.

Cómo Emma descubrió el impacto positivo de las conexiones offline

Emma Sommergill, una adolescente de Utah, se encontró atrapada en el torbellino digital, sintiéndose ansiosa y aislada debido al constante tiempo frente a la pantalla. Pero todo cambió una tarde en que desempolvó un viejo juego de mesa. Invitó a sus amigos y disfrutaron de una noche de juegos que provocó risas y conversaciones reales, algo que Emma se dio cuenta de que se había estado perdiendo en medio de su vida online.

Motivada por esta experiencia, Emma buscó más actividades del mundo real. Se apuntó a una clase de yoga, donde practicaba técnicas que le aportaban paz lejos del caos digital. No se trataba sólo de una forma física, sino de un restablecimiento mental que le enseñó a afrontar los altibajos de la vida con una mente tranquila.

Emma no se detuvo ahí. Redescubrió el placer de la lectura, sumergiéndose en libros que le ofrecían nuevas perspectivas y un descanso de las presiones de la vida cotidiana. Estas historias y personajes se convirtieron en sus guías, ofreciéndole las percepciones y la comprensión que ansiaba.

Estos cambios provocaron un cambio significativo en Emma. Se hizo más consciente de sí misma y aprendió a poner límites para cuidar su bienestar. Su transformación inspiró a sus amigos, que también empezaron a explorar sus intereses más allá de la pantalla.

El viaje de Emma pone de relieve el poder de desconectar y centrarse en el autocuidado. Su historia nos llama a todos a encontrar el equilibrio en esta era digital, recordándonos la importancia de las conexiones reales y del crecimiento personal lejos del resplandor de nuestros dispositivos.

A continuación

En el mundo actual, donde todo está al alcance de un clic, es fácil que las adolescentes (o cualquiera) se sientan atrapadas y abrumadas. Este capítulo ha tratado sobre cómo encontrar el equilibrio en medio del caos de las notificaciones constantes y el ruido de Internet. Se trata de recuperar el control y encontrar la paz en nuestro interior.

En primer lugar, establecer límites en el uso de la tecnología es fundamental. Se trata de elegir hacer una pausa, reflexionar y hacer cosas que realmente nos hagan felices, en lugar dedesplazarnos sin pensar por las redes sociales. Imagina que cambias una hora depantalla por tiempo de calidad con un libro o meditando. Son estos momentos de descanso y autorreflexión los que protegen nuestra salud mental del interminable zumbido digital.

Luego está la magia de las conexiones en la vida real. Claro que los mensajes de texto y las notas de voz son estupendas, pero no hay nada como reírse con los amigos en persona o abrazar a alguien que te importa. Estas experiencias naturales y tangibles con las personas y la naturaleza nos enraízan, ofreciéndonos una sensación de apoyo y pertenencia que ninguna interacción en línea puede igualar.

Ahora, mientras nos preparamos para el siguiente capítulo, nos sumergimos en el cambio de juego: una mentalidad positiva. Se trata de reconocer nuestras fuerzas interiores y utilizar afirmaciones positivas para aumentar nuestra confianza. No se trata sólo de un consejo para sentirse bien; se trata de construir una base de resiliencia y autoestima que nos ayude a afrontar todo lo que la vida nos depare.

Así que preparémonos para explorar cómo el pensamiento positivo puede desbloquear nuestro potencial y conducirnos a una vida más plena. Se trata de encontrar ese poder interior y brillar con luz propia, incluso cuando el mundo y las circunstancias externas sean abrumadoras.

Capítulo 6

Aprovecha el poder de una mentalidad positiva

"El pensamiento positivo te permitirá hacerlo todo mejor que el pensamiento negativo". - ZigZiglar

Imagínate esto: dentro de ti hay un poder increíble, como la fuerza de un superhéroe. Se trata de tener una mentalidad positiva. Esto significa ver el vaso medio lleno, creer en ti misma y no rendirte nunca. Es como tener una caja de herramientas mental llena de resiliencia y determinación. ¿Y adivina qué? Aprenderás a aprovechar este superpoder y a utilizar afirmaciones positivas para cambiar tu vida.

¿Sabes que a veces el mundo intenta señalar lo que está mal en nosotros? Pues bien, el verdadero poder no viene de lo que la gente piensa o dice; viene de tu interior. Empezar a pensar en positivo es como encender una luz en una habitación oscura. Te ayuda a ver los problemas como oportunidades para crecer y ser el capitán de tu propio barco.

Esta genial cita de Zig Ziglar da en el clavo de lo que trata este capítulo. Tus pensamientos dan forma a tu mundo. Pensar negativamente, es como construir muros que te impiden hacer grandes cosas. Pero con el pensamiento positivo, puedes superar cualquier obstáculo, ver los retos como oportunidades y alcanzar las estrellas.

Las afirmaciones positivas son como tus animadoras personales. Son afirmaciones breves y poderosas que te animan a creer en ti misma. Reconfiguran tu cerebro para que piense positivamente sobre quién eres y lo que puedes hacer.

Pensando en positivo, abres las puertas a nuevas oportunidades. Empiezas a ver las cosas de un modo más esperanzador y creativo. Te conviertes en un imán para las cosas buenas, atrayendo experiencias positivas y personas que te elevan.

Este capítulo es sobre descubrir las increíbles fortalezas que llevas dentro. Nos sumergiremos en cómo las afirmaciones positivas pueden renovar totalmente tu mentalidad y ayudarte a alcanzar tus sueños. ¡Prepárate para ver cómo una mentalidad positiva puede sacar lo mejor de ti y conducirte a resultados increíbles!

Comprende el poder de los pensamientos: Libera tu potencial interior

Nuestras mentes tienen un poder extraordinario. Estructuran nuestras emociones, influyen en nuestras acciones y, finalmente, definen quiénes somos. ¿Te das cuenta de que tus pensamientos y sentimientos pueden dar forma a tu mundo y a quién eres? Es como estar en una búsqueda épica para descubrir la mejor versión de ti misma, y todo empieza por comprender lo poderosos que son tus pensamientos.

Imagina que te levantas una mañana sintiéndote supercansada y pensando: "Hoy va a ser horrible". Ese tipo de pensamiento negativo puede condicionar todo tu día. Pero, ¿y si le das la vuelta a ese pensamiento y te dices a ti misma: "Puedo manejar lo que me depare el día de hoy"? De repente, te sientes más positiva y preparada para enfrentarte al mundo.

A menudo no nos damos cuenta de hasta qué punto nuestro crítico interior puede frenarnos. Es como esa vocecita interna que nos dice que no somos lo bastante buenos o lo bastante listos. Pero, ¿sabes qué? Tienes el poder de desafiar esos pensamientos negativos. Empieza por darte cuenta de cuándo dudas de ti misma o eres demasiado crítica. Pregúntate: "¿Esto es realmente cierto, o sólo estoy siendo dura conmigo misma?".

He aquí otro ejemplo: imagina que estás estresada por un examen importante y piensas: "Nunca voy a aprobar". Espera y piénsalo un segundo. ¿Es realmente cierto, o es sólo el miedo el que habla? Recuérdate a ti misma las veces que lo has hecho bien y el esfuerzo que has hecho. Cambia ese pensamiento negativo por algo más positivo como: "Me he esforzado y puedo hacerlo".

Construir una voz interior positiva es como tener tu propia animadora personal. Empieza con afirmaciones positivas, que son como pequeños impulsos de confianza que puedes decirte a ti misma para cambiar tu forma de pensar. Por ejemplo, decir "Merezco amor y respeto" o "Soy única y segura de mí misma" puede ayudar a aumentar la autoestima.

Tus pensamientos influyen mucho en cómo te sientes y en lo que haces. Si te centras en lo positivo, puedes cambiar tu vibra y tu perspectiva de la vida. Y cuando inicies este viaje, recuerda que eres lo bastante fuerte para afrontar cualquier reto. Cree en el poder de tu mente: es la clave para desbloquear tu genialidad.

Mantente positiva y resiliente

Imagínate esto: estás en una aventura. Por el camino, te encontrarás con situaciones difíciles, como personas que te hacen sombra o que intentan desanimarte. Pero no te preocupes, porque hay formas de superarlo y salir aún más fortalecido.

Lo primero es lo primero, recuerda que los haters y la presión de los demás no te definen. ¿Qué pasa con esos comentarios negativos? Tienen más que ver con los problemas de la otra persona que contigo. ¿Y tu verdadero valor? Proviene de tu interior. Fortalece tu autoestima como si fuera tu armadura de superhéroe contra toda esa negatividad.

Asegúrate de rodearte de personas que te levanten el ánimo. Encuentra amigos, mentores o entrenadores que te apoyen. Fíjate en alguien como Greta Thunberg, una joven defensora del medio ambiente que se enfrentó a reacciones negativas por sus campañas ecologistas. A pesar de la negatividad, Greta se rodeó de una red de apoyo de compañeros activistas y luchó por lo que creía, iniciando un movimiento global para la acción climática.

Ahora hablemos de cómo manejarlas críticas. No siempre es fácil, pero aprender a distinguir entre los comentarios útiles y los comentarios mezquinos es vital. Fíjate en MistyCopeland, una fantástica bailarina que no dejó que los comentarios negativos sobre su cuerpo o su raza la detuvieran. Misty es la primera bailarina principal afroamericana del American Ballet Theatre. A lo largo de su carrera como bailarina, Misty se enfrentó a juicios sobre su complexión física y su raza. En lugar de permitir que eso la asustara, canalizó ese esfuerzo para convertirse en una sólida defensora de la inclusión en el mundo de la danza, influyendo en innumerables personas a lo largo del camino. Lo utilizó para alimentar su impulso y abrió puertas a una mayor diversidad en el ballet.

Cuando alguien te critique, piensa de dónde viene esa opinión. ¿Se trata de una preocupación legítima, o es sólo una persona que intenta derribarte? Quédate con lo bueno y desecha el resto. Recuerda que tú decides a quién escuchar.

Así que esto es lo que hay que hacer: enfrentarse a la negatividad y a las críticas consiste en ser resistente, rodearse de buenas vibraciones y aprender a crecer a partir de las cosas difíciles.

Tienes que recordar que eres más de lo que los demás dicen de ti. Recuerda echar un vistazo a personas como Greta y Misty: son la prueba viviente de que mantenerse positivo y utilizar las críticas para crecer puede conducir a cosas asombrosas. Confía en tu viaje, cree en ti misma y deja que brille tu genialidad, incluso cuando las cosas se pongan un poco turbias.

Abraza la gratitud y desarrolla una mentalidad positiva

Muy bien, mira esto: La vida puede lanzar un montón de bolas curvas, ¿verdad? ¿Pero adivina qué? Este ingenioso truco llamado ser agradecido y optimista puede cambiar totalmente el juego. Es como tener un poder secreto para convertir un mal día en uno mejor.

En primer lugar, hablemos del agradecimiento. Se trata de tomarte un segundo para darte cuenta y apreciar las cosas buenas de tu vida, sin importar cuán pequeñas sean. Puede ser el texto gracioso de tu amigo, esa fantástica puesta de sol o simplemente relajarte con tu música favorita. Cuando te enfocas en las cosas buenas, es como un imán que atrae más vibras positivas.

Piensa en Oprah Winfrey. Tuvo un comienzo difícil, pero empezó a escribir tres cosas por las que estaba agradecida cada día. ¿Y adivina qué? Transformó totalmente su vida. Fue como si encendiera un interruptor y hubiera empezado a atraer toda esa positividad. Así que, ¿por qué no lo intentas? Toma un cuaderno y anota las cosas por las que estás agradecida. En verdad es un cambio total en las reglas del juego.

Hablemos ahora de optimismo. Es como mirar un problema y decir: "Eh, yo me encargo". En lugar de estancarte en lo que va mal, lo ves como una oportunidad para crecer y aprender. Se trata de esa mentalidad positiva.

La próxima vez que te enfrentes a algo desafiante, dale la vuelta al guion. Míralo como un reto que puedes manejar totalmente. Recuerda que tienes la fuerza y la inteligencia necesarias para superar cualquier cosa y alcanzar esos grandes objetivos tuyos. Mantén esa energía positiva; te sorprenderá lo que puedes hacer.

En un mundo lleno de problemas e incertidumbres, abrazar la gratitud y el optimismo pueden ser técnicas útiles para encontrar un camino a través de los altibajos de la vida. Mostrando gratitud, desarrollando el optimismo y haciendo un buen uso de las técnicas de visualización, puedes establecer una mentalidad positiva que te eleve para abrazar el presente y manifestar tus sueños. Hagamos un esfuerzo por profundizar en estas estrategias y comprender mejor cómo pueden mejorar tu bienestar.

Para empezar, estar agradecido incluye apreciar conscientemente el momento presente y reconocer las bendiciones de tu vida. Tómate un breve momento para reflexionar sobre todas las cosas grandes o pequeñas por las que estás agradecida. Puede ser la ayuda de tus seres queridos, las maravillas de la naturaleza o incluso la simple felicidad de la vida cotidiana. Al cambiar tu enfoque hacia la gratitud, atraes positividad y satisfacción a tu corazón.

Imagínate esto: Bethany Hamilton, una excelente surfista, sufrió un duro revés cuando el ataque de un tiburón le costó un brazo. ¿Pero adivina qué? No dejó que eso la detuviera. En lugar de rendirse, siguió adelante con una actitud superpositiva. Aprendió a hacer surf con un solo brazo y lo hizo genial. Bethany se convirtió en una gran inspiración, demostrando a todo el mundo que se pueden superar cosas difíciles y seguir persiguiendo sueños.

Ahora, hablemos de un truco genial llamado visualización. Es como soñar despierto con un propósito. Cierra los ojos un segundo e imagínate consiguiendo tus objetivos. Imagina cada detalle: las sensaciones, el éxito, todo. Hacer esto ayuda a alinear tu cerebro y tus acciones con lo que quieres, dándote una especie de hoja de ruta mental hacia donde quieres ir. Así que, la próxima vez que te propongas algo grande, tómate un momento para visualizarlo. ¡Te sorprenderá lo mucho que puede ayudarte a conseguirlo!

Cómo Aisha y Leena transformaron sus vidas mediante la gratitud y el optimismo

En la campiña rural de Georgia, dos jóvenes, Aisha y Leena, transformadas por las fantásticas fuerzas de la gratitud y el optimismo, emprendieron extraordinarios viajes de autodescubrimiento. A pesar de crecer en el seno de una familia pequeña y luchadora, Aisha, una joven llena de sueños, siempre encontró consuelo en la belleza de la naturaleza que la rodeaba. En lugar de ceder a la desesperación, se sentaba junto al río cada tarde, reflexionando sobre las bendiciones de su vida. Aisha mostraba su gratitud cuidando el jardín de su familia, donde crecían flores vibrantes que demostraban su inquebrantable agradecimiento. Su actitud positiva no sólo trajo alegría a su propia vida, sino que también inspiró a sus vecinos a encontrar la belleza en las cosas sencillas.

Leena, una chica fuerte y decidida, se enfrentó valientemente a los retos con una voluntad firme. No dejó que la negatividad la abatiera, eligiendo el optimismo como fuerza que la guiaba. Inspirada por historias de gente normal que lograba cosas increíbles, Leena creía en la fuerza de la positividad. Motivada por esta creencia, se embarcó en una misión para elevar a su comunidad.

Leena organizó talleres para niños menos privilegiados, educándoles en la gratitud y plantando semillas de esperanza para un futuro más brillante. Su actitud positiva transformó su vida y despertó la resiliencia de quienes la rodeaban. Con sus acciones, Leena se convirtió en una fuente de inspiración y fuerza para las personas a las que llegaba.

El destino unió a Aisha y Leena en un centro comunitario local, donde se dieron cuenta de que compartían valores. Reconociendo su potencial como fuerza unida, decidieron crear un efecto dominó de positividad en su ciudad. A través de un festival de gratitud, inspiraron a muchos a adoptar actitudes agradecidas y optimistas, convirtiendo su ciudad en un centro de positividad y resiliencia.

La inspiradora travesía de Aisha y Leena se difundió por todas partes, convirtiéndose en fuente de inspiración para la gente de las ciudades vecinas. Su relato muestra el extraordinario poder de la gratitud y el optimismo.

Nos recuerda que, por muy difíciles que sean las circunstancias, la gratitud puede revelar la belleza interior, y la positividad puede guiarnos hacia un mañana más brillante. Acepta las lecciones aprendidas, emprende caminos transformadores, infunde gratitud y optimismo a la vida y contribuye a un mundo en el que florezcan la alegría y la esperanza.

A continuación

En los altibajos de tu viaje, puedes recurrir a tu fuerza interior, tu valor y tu fuerza de voluntad. Aprovecha tus habilidades naturales, como la confianza en ti misma, la perseverancia y la adaptabilidad para superar retos aparentemente difíciles. Puedes superar las dudas y abrazar tus cualidades únicas, encontrando la paz en tu sabiduría interior.

Emprender un viaje de crecimiento personal abre la puerta a la fuerza de las afirmaciones positivas. Cuando lees intencionadamente afirmaciones alentadoras, transformas tu mentalidad y reconsideras tus creencias. Reconoce tu valor con cada afirmación, utiliza tus habilidades y fomenta la autocompasión mientras refuerzas tu interior, creando así un camino hacia una vida satisfactoria y significativa.

Deja que tu viaje te inspire para abrazar tus puntos fuertes, respetar tus cualidades únicas y afirmar tu verdadero valor. Reconoce el poder transformador de las afirmaciones positivas, alineando tus pensamientos con tus capacidades más elevadas.

A medida que avances, recuerda que recurrir a tu fuerza interior y a las afirmaciones positivas es un viaje continuo. Con compromiso y perseverancia, puedes tener una vida llena de propósito, resiliencia y felicidad duradera. En el próximo capítulo, exploraremos los conceptos de resiliencia y determinación.

Capítulo 7

Aumenta tu optimismo con charlas personales

Cree que puedes y habrás recorrido la mitad del camino.
-Teodoro Roosevelt

Empezamos este capítulo con la historia de Rhoda, una chica de Nueva York que creció sin mucho dinero, pero con mucha esperanza. Incluso cuando las cosas eran difíciles, seguía aspirando a grandes cosas en la escuela, los deportes y su comunidad.

Rhoda no dejó que los tiempos difíciles la detuvieran. En lugar de eso, utilizaba sus problemas como una oportunidad para aprender y ser creativa. Todas las mañanas se sentaba junto a la ventana, miraba las estrellas y se decía cosas positivas. Esto le ayudó a creer en sí misma.

Era una persona muy positiva y ayudaba a sus amigas a sentirse igual, sobre todo cuando las cosas erandifíciles. La historia de Rhoda demuestra lo importante que es para las adolescentes pensar en positivo y creer en sí mismas.

Este capítulo trata de por qué el pensamiento positivo es bueno para ti y de cómo puedes hacer afirmaciones positivas que se adapten a tu vida. Se trata de ayudar a las chicas a ser fuertes, a creer en sí mismas y a crecer. Pensando en positivo y diciendo cosas buenas sobre ti misma, podrás afrontar mejor el hecho de ser adolescente, tener más confianza en ti misma y tomar las riendas de tu futuro.

Fomenta una mentalidad positiva

Construir una actitud positiva es como entrenar a tu cerebro para que vea los momentos difíciles como oportunidades de aprender y mejorar. Se trata de mantener la fe en ti misma, incluso cuando las cosas se complican. Intenta salir con gente positiva y que te apoye, y habla abiertamente de tus sentimientos e ideas. Esto puede cambiar realmente tu forma de ver las cosas. Recuerda que cuando te enfrentas a un problema, es sólo un bache en el camino, no una medida de lo que puedes hacer. Superar los momentos difíciles te hace más fuerte.

Asegúrate de celebrar incluso las pequeñas victorias. Esto te ayudará a sentirte más segura y positiva. Date cuenta de que tus pensamientos tienen mucho poder. Si empiezas a ver los problemas como oportunidades, poco a poco te volverás más positiva, incluso cuando las cosas sean difíciles.

Aquí tienes algunas estrategias para ayudarte en este viaje hacia el optimismo:

- **Practica la gratitud:** Lleva un diario de gratitud para anotar diaria o semanalmente las cosas por las que estás agradecida.

- **Reencuadre positivo:** Entrena tu mente para convertir los pensamientos negativos en positivos, centrándose en las soluciones y no en los problemas.

- **Fijación de objetivos:** Establece objetivos alcanzables, tanto a corto como a largo plazo, y celebra cada hito conseguido.

- **Atención plena y meditación:** Practica ejercicios de atención plena para reducir el estrés y fomentar una mentalidad positiva.

- **Construye una red de apoyo:** Rodéate de amigos, familiares o mentores que te apoyen y te animen.

- **Autocompasión:** Practica ser amable contigo misma en los momentos difíciles, aceptando las imperfecciones y aprendiendo de los contratiempos.

- **Busca ayuda:** Anímate a buscar orientación en adultos de confianza, profesores o consejeros cuando te enfrentes a retos.

- **Participa en actividades positivas:** Participa en aficiones, deportes o actividades que te aporten alegría y satisfacción.

- **Limita las influencias negativas:** Reduce la exposición a medios o situaciones negativas que puedan afectar a tu optimismo.

- **Aprende de la adversidad:** Acepta los retos como oportunidades de crecimiento y aprendizaje, en lugar de verlos únicamente como obstáculos.

Cuando se practican con regularidad, estas estrategias ayudan a construir y mantener una visión más optimista de la vida.

El lado bueno de las cosas y cómo encontrarlo en los retos

Un "lado bueno" es como encontrar un rayo de esperanza en una nube oscura. Cuando la vida se pone dura, se trata de encontrar algo positivo incluso en los retos. ¿Conoces el dicho "Toda nube tiene su lado bueno"? Pues significa que incluso cuando las cosas son difíciles, hay algo bueno esperando a ser descubierto. Por ejemplo, vas al campamento de softball y descubres que tu mejor amiga no está en tu grupo. Pero conoces a otras chicas de tu grupo y haces nuevas amistades con ellas.

Ser adolescente puede parecerte una loca montaña rusa de emociones y desafíos. Pero hay una forma de encontrar lo bueno en los momentos difíciles, y de hecho puede hacerte más fuerte. He aquí cómo:

- **Cambia tu forma de ver los problemas**: En lugar de ver los problemas como cosas malas, intenta verlos como oportunidades para aprender y crecer. Esto puede ayudarte a construir una mentalidad poderosa.

- **Construye un sistema de apoyo**: Es superútil tener personas de confianza, como amigos, familiares o mentores, con los que hablar. Ofrecen perspectivas diferentes y pueden ayudarte a encontrar nuevas formas de abordar tus problemas.

- **Sé amable contigo misma**: Recuerda que descubrir quién eres es una parte importante de ser adolescente. No pasa nada por cometer errores, forman parte del aprendizaje. No seas demasiado dura contigo misma.

- **Practica la atención plena**: Hacer cosas como meditar, escribir en un diario o ser creativo puede ser muy relajante. Estas actividades te ayudan a despejar la mente, lo que es estupendo cuando te enfrentas a retos.

- **Haz crecer tu mentalidad**: Cree que puedes mejorar y crecer con esfuerzo y trabajo duro. Este tipo de mentalidad te dará la fuerza para afrontar los retos con determinación.

Estos consejos no tratan sólo de superar los momentos difíciles, sino de encontrar esperanza y fortalecerte con cada desafío. Son herramientas estupendas para ayudarte a superar la adolescencia con confianza y poder.

Una mentalidad de crecimiento y lo que te aporta

Tener una mentalidad de crecimiento es realmente importante para pensar positivamente. Significa creer que puedes mejorar en cualquier cosa si te esfuerzas, practicas mucho y aprendes de cuando las cosas no salen bien. En lugar de que sólo te alaben por lo que consigues, es mejor que te alaben por tu esfuerzo. De este modo, verás que mejorar y progresar es más valioso que ser perfecto.

Esto es lo que hace por ti una mentalidad de crecimiento:

- **Te ayuda a creer en tus capacidades**: Te da la seguridad de que puedes mejorar tus habilidades e inteligencia con trabajo duro y práctica.

- **Te ayuda a aprender de los errores**: Comprendes que cometer errores forma parte del aprendizaje y de la mejora.

- **Te ayuda a valorar más el esfuerzo que la perfección**: Te das cuenta de que esforzarse y progresar es más importante que ser perfecta.

- **Te ayuda a fijar objetivos realistas**: Te fijas objetivos que realmente puedas alcanzar. Divídelos en pasos más pequeños para que sean más fáciles de gestionar.

- **Te ayuda a celebrar las pequeñas victorias**: Reconoces tu esfuerzo y te sientes bien por cada pequeña mejora que haces.

¿Cómo consigo una mentalidad de crecimiento?

Conseguir una mentalidad de crecimiento es clave para mejorar en la vida. Piensa en "todavía no" en lugar de "no puedo hacerlo" para cambiar tu visión de tus capacidades. Date cuenta de que el trabajo duro y el esfuerzo son más importantes que ser naturalmente bueno en algo. Las habilidades crecen con la práctica y la determinación.

Te comparto cómo puedes desarrollar una mentalidad de crecimiento:

- **Establece objetivos**: Fíjate objetivos difíciles pero alcanzables. Te ayudarán a hacerte más fuerte. Cuando te enfrentes a una situación difícil, considérala una oportunidad para aprender y crecer.

- **Aprende de los fracasos**: Piensa en los fracasos como pasos para mejorar, no como callejones sin salida. Esto mejorará tu capacidad para resolver problemas y te dará más confianza.

- **Reflexiona sobre ti misma**: Comprueba regularmente tus progresos y busca formas de mejorar. Celebra cada pequeño avance para recordarte que siempre estás mejorando.

- **Admira a los modelos a seguir**: Inspírate en las historias de personas que triunfaron gracias al trabajo duro. Sus trayectorias muestran cómo una mentalidad de crecimiento puede conducir al éxito.

- **Crea un espacio de apoyo**: Rodéate de un entorno en el que esté bien cometer errores. Céntrate en aprender más que en ser perfecto. Sé curiosa, prueba cosas nuevas y sigue tus intereses.

Al hacer estas cosas, estarás más preparada para asumir retos y alcanzar tu máximo potencial.

Construye hábitos afirmativos

Crear buenos hábitos es una forma estupenda de sentirte más fuerte y mejorar tu bienestar. Esto incluye practicar la autoconversación positiva, utilizar afirmaciones para aumentar tu confianza y dar las gracias por lo que tienes. Estos hábitos ayudan a aumentar tu autoconfianza y te hacen más resistente.

Hablarte a ti misma en positivo es muy importante. Significa hablarte a ti misma de forma amable y alentadora. Si eres demasiado dura contigo misma, intenta cambiar esos pensamientos por algo positivo. Por ejemplo, si piensas: "No puedo hacerlo", cámbialo por: "Lo intentaré con todas mis fuerzas". Repitiendo frases positivas como "Soy capaz", "Merezco la felicidad" o "Soy suficiente", empiezas a creer más en ti misma. Esto ayuda a cambiar tu forma de pensar y te hace sentir más capacitada.

Aumenta tu confianza con afirmaciones positivas diarias

Crear tus propias afirmaciones que coincidan con lo que quieres conseguir y con quién te gustaría ser te ayuda a crear buenos hábitos. Piensa en las áreas de tu vida en las que quieres crecer y haz afirmaciones positivas sobre ellas. Decir cosas como "Confío en mis capacidades", "Acepto mi singularidad" o "Merezco el éxito" puede levantarte el ánimo y hacer que te veas con buenos ojos. Cuando hagas estas afirmaciones, céntrate en lo que se te da bien y en lo que esperas conseguir, y mantén una actitud positiva al respecto. He aquí algunos ejemplos:

- "Puedo conseguir mis objetivos mediante el trabajo duro y la dedicación".
- "Mi potencial es ilimitado y soy digna del éxito".
- "Acepto los retos como oportunidades de crecimiento y aprendizaje".

- "Confío en mí misma para tomar decisiones que se alineen con mis valores y sueños".

- "Soy resistente y supero los obstáculos con valor y determinación".

- "Mis cualidades y talentos únicos marcan una diferencia positiva en el mundo".

- "Merezco felicidad, amor y respeto, y atraigo positividad a mi vida".

- "Confío en mis habilidades y creo en mi capacidad para generar cambios".

- "Soy suficiente tal como soy y crezco continuamente hacia una versión más fuerte de mí misma".

- "Tengo el control de mis pensamientos y acciones, dando forma a mi destino".

Utilizar afirmaciones específicas para tus objetivos y aspiraciones puede aumentar tu autoestima y reforzar una imagen positiva de ti misma. Céntrate en lo que se teda bien y en lo que esperas conseguir, y mantén una actitud positiva al respecto.

Desarrolla el hábito de la gratitud y el agradecimiento

Practicar la gratitud cada día puede mejorar considerablemente tu vida. Empieza cada día pensando en aquello por lo que estás agradecida. Esto ayuda a crear una mentalidad positiva en la que te centras más en lo que tienes que en lo que no tienes. Escribe algunas cosas por las que estés agradecida para aumentar tu aprecio por las pequeñas y grandes cosas de la vida.

Dar las gracias a los demás, ya sea con palabras o con pequeñas acciones, también es importante. Esto fomenta la empatía y fortalece tus relaciones, creando un entorno más feliz y solidario. Para la gratitud presente, puedes practicar el agradecimiento durante las actividades habituales, como las comidas o antes de acostarte. Reflexionar sobre las partes buenas de tu día puede ayudarte a ver el lado positivo de las situaciones difíciles, haciéndote más resistente y optimista.

Hacer cosas amables por los demás puede aumentar los beneficios de ser agradecida. Puedes ofrecerte como voluntaria, ayudar a alguien o hacer algo amable de forma inesperada. Esto no sólo te hace sentir bien, sino que también te permite influir positivamente en los demás. Hacer de la gratitud una parte habitual de tu vida te ayuda a notar y apreciar más las cosas buenas, lo que conduce a una mentalidad más feliz, a relaciones más fuertes y a un mayor bienestar general.

Reservar un tiempo cada día para pensar en aquello por lo que estás agradecida, como tus amigos, lo que has conseguido o incluso las pequeñas alegrías cotidianas, puede hacer que te centres en lo bueno de tu vida. Esto genera un sentimiento de satisfacción y fortaleza. La autoconversación positiva, las afirmaciones fortalecedoras y el hábito de la gratitud pueden aumentar tu confianza, ayudarte a crecer como persona y conducirte a una vida más feliz y satisfactoria.

Pon la positividad en acción

Convertir los pensamientos positivos en acciones reales puede mejorar significativamente tu vida. Esto significa hacer que tus acciones cotidianas sean positivas y encontrar formas de añadir más optimismo a tu rutina diaria.

Empieza cada día con un plan claro. Decide ser positiva desde el momento en que te levantes. Esto podría significar fijar objetivos para el día, dar las gracias por lo quetienes o hacer cosas que te hagan sentir bien, como aficiones o actividades de autocuidado.

Para hacer realidad tus pensamientos positivos:

- Haz cosas buenas por ti y por los demás.

- Trátate bien haciendo cosas que sean buenas para tu mente, cuerpo y alma, como ser consciente, hacer aficiones que te gusten o cuidarte.

- Difunde positividad a los demás ayudando a un amigo, haciendo trabajo voluntario o simplemente haciendo un cumplido a alguien.

Recuerda que incluso los pequeños pasos pueden conducir a una vida más feliz. Trabaja poco a poco hacia tus sueños y objetivos; aprende algo nuevo, dedica tiempo al crecimiento personal y sigue tus pasiones. Hacer un poco cada día te hará sentir realizada y te conducirá a una vida más positiva y satisfactoria.

Infunde positividad en las relaciones

Añadir positividad a tus relaciones puede cambiar realmente tu vida a mejor. Ser positivo no sólo te hace sentir bien, sino que también refuerza tus relaciones con tu familia, amigos y compañeros.

Cuando eres positiva en tus relaciones, muestras más empatía, amabilidad y comprensión. Esto te ayuda a conectar mejor con las personas que te importan, haciendo que tus relaciones sean más significativas. Ser positivo también significa que manejas los desacuerdos y los problemas de un modo saludable y que mantiene la paz.

Construir relaciones positivas significa hablar y escuchar de verdad al otro. Demuestra que aprecias y comprendes cómo se siente la otra persona. Esto genera confianza y fortalece tus relaciones. También es importante perdonar y dejar ir los resentimientos, lo que permite que tus relaciones crezcan.

Celebra lo bueno de la gente que te rodea. Hazles cumplidos genuinos y dales apoyo para que ellos también se sientan bien. Los pequeños actos de bondad o incluso una simple palabra amable pueden fortalecer tus relaciones.

Establecer límites también es clave. Tienes que cuidarte y dejar claras tus necesidades. Respetar los límites del otro genera confianza y respeto.

Ser positivo con tus compañeros también es esencial. Crea un ambiente amistoso y acogedor respetando las diferencias de cada uno, oponiéndote a la negatividad y siendo amable y comprensiva. De este modo, tú y tus amigos se apoyan y animan mutuamente.

Extiende la positividad más allá de tus límites personales

En un mundo que a menudo hace hincapié en el egocentrismo y la negatividad, nunca debe subestimarse el poder de la positividad. Como adolescente, posees un potencial increíble para extender la positividad más allá de tus límites personales, creando un efecto dominó que puede transformar las comunidades e incluso llegar a la sociedad en general. Comprendiendo el impacto de tus acciones y adoptando actos de bondad y apoyo, puedes convertirte en un catalizador de cambio positivo.

Veamos los siguientes puntos:
- **El efecto dominó de la positividad en la comunidad y más allá:** La positividad tiene la extraordinaria capacidad de extenderse y multiplicarse como las ondas en un estanque. Cuando irradias

positividad, influyes en los que te rodean y creas un efecto dominó que puede llegar mucho más allá de tus círculos inmediatos. Al alimentar una mentalidad positiva y adoptar comportamientos edificantes, inspiras a otros a hacer lo mismo. Este efecto dominó puede elevar a comunidades enteras, fomentando la unidad, la resiliencia y la sensación de bienestar.

- **El poder de contribuir a un medio ambiente positivo:** Tú puedes dar forma al entorno en el que vives. Al contribuir activamente a un ambiente positivo, generas espacios acogedores, inclusivos y solidarios. Los actos de amabilidad, empatía y respeto pueden transformar escuelas, grupos sociales y comunidades online, creando un entorno en el que todos se sientan valorados y capacitados. Al defender la positividad, te conviertes en una líder que inspira a otros a seguir su ejemplo.

- **Actos de bondad y apoyo como herramientas para el cambio:** Los pequeños actos de bondad y apoyo pueden tener un impacto significativo en las personas y en la sociedad en general. Puedes marcar la diferencia tendiendo la mano a los necesitados, ofreciéndoles ayuda o escuchándoles. Mostrando compasión, comprensión y apoyo, creas una red de ánimo y resistencia que eleva a los que te rodean. Estos actos de bondad no sólo mejoran la vida de los demás, sino que también refuerzan tu propio sentido de propósito y realización.

Posees un potencial increíble para extender la positividad más allá de tus límites personales, convirtiéndote en un agente de cambio en tu comunidad y más allá. A través del efecto dominó de la positividad, puedes generar transformaciones en el mundo que te rodea. Al adoptar actos de bondad y apoyo, contribuyes a crear un entorno positivo que nutre y capacita a todos.

Incorpora afirmaciones positivas en tus actividades diarias

En el mundo actual, donde la gente a menudo se centra en sí misma y ve el lado negativo de las cosas, ser positivo es muy poderoso. Como adolescente, tienes una capacidad asombrosa para difundir la positividad más allá de tu propia vida. Tus accionesy tu bondad pueden marcar realmente la diferencia en tu comunidad y en el mundo en general.

Así es como tu positividad marca la diferencia-.
- **Difundes la positividad por todas partes**: Al igual que las ondas se extienden por un estanque, tu actitud positiva puede contagiar a los demás. Cuando eres positivo, influyes en la gente que te rodea, y esto puede seguir extendiéndose hacia fuera. Mantener una actitud positiva y hacer cosas positivas puede inspirar a los demás a hacer lo mismo. Esto puede aportar muchas buenas vibraciones a comunidades enteras, haciéndolas   más fuertes y felices.

- **Creas un espacio positivo a tu alrededor**: Puedes moldear el mundo en el que vives. Ser positivo hace que   los lugares a los que vas, como la escuela o los espacios online, sean acogedores y amables. Cosas sencillas como ser amable, comprensivo y respetuoso pueden mejorar estos espacios. De este modo, todo el mundo se   siente valorado y apoyado.

- **Utilizas la amabilidad y el apoyo como herramientas para el cambio**: Los pequeños actos de amabilidad pueden significar mucho. Puedes ayudar a los demás escuchándoles, ofreciéndoles apoyo o simplemente estando ahí cuando necesitan a alguien. Esto no sólo ayuda a los demás, sino que también te hace sentir bien y con un propósito. Tu amabilidad puede fortalecer tu comunidad y difundir energía positiva a tu alrededor.

Extender la positividad y la bondad más allá de ti puede cambiar realmente las cosas a mejor en tu comunidad y más allá. Tus acciones positivas pueden iniciar una reacción en cadena, transformando el mundo que te rodea. Siendo amable y solidaria, contribuyes a crear un entorno mejor para todos.

Cómo pueden los adolescentes superar la negatividad

La vida a menudo te lanza desafíos, poniendo a prueba lo resistente y positiva que puedes ser. Puedes utilizar algunas estrategias útiles y una mentalidad fuerte y resistente para afrontar estos momentos difíciles y mantener una actitud positiva. Veamos cómo afrontar los obstáculos de la vida sin perder la positividad.

Manejar los retos manteniendo una actitud positiva

Mantenerse positivo cuando las cosas se ponen difíciles requiere un verdadero esfuerzo. Empieza por aceptar tus sentimientos, incluso los negativos. No pasa nada por sentirse mal a veces. Después, céntrate en las cosas buenas de tu vida, como aquello por lo que estás agradecida. Hacer cosas que te hagan sentir bien, como hacer ejercicio, practicar mindfulness o disfrutar de tus aficiones, puede ayudarte a controlar el estrés y mantenerte de buen humor. Hablar con amigos, familiares o mentores en los que confíes también puede darte un gran impulso.

Superar los contratiempos con resiliencia

Todo el mundo se enfrenta a contratiempos, pero lo que importa es cómo los afrontas. Piensa en estos retos como oportunidades para aprender y crecer, no como simples obstáculos. Tener una mentalidad de crecimiento significa ver los momentos difíciles como pasos hacia tus objetivos. Divide los grandes objetivos en otros más pequeños y manejables para mantener el ánimo. Ser amable contigo misma y decirte cosas positivas puede ayudarte a recuperarte con más fuerza después de un tropiezo.

Afrontar los retos y mantenerse positivo puede ser todo un desafío. Sin embargo, con resiliencia y la mentalidad adecuada, puedes superar los momentos difíciles. Utiliza la gratitud, el autocuidado y el apoyo de los demás como herramientas para ayudarte. Recuerda que los reveses pueden ser oportunidades para aprender y crecer.

Norah y el poder del pensamiento positivo

Norah, una estudiante de secundaria de California, tuvo sus altibajos como cualquier otro adolescente. Pero destacaba porque realmente creía en el pensamiento positivo.

Cuando Norah tuvo que enfrentarse a un gran examen de matemáticas, una asignatura que siempre le preocupaba, empezó a dudar de sí misma. A medida que se acercaba el examen, se sentía cada vez más ansiosa. Pero Norah no se dejó vencer por estos pensamientos negativos. Sabía que su forma de pensar podía cambiar realmente su situación.

En los días previos al examen, Norah se decía constantemente cosas positivas. Creía que era inteligente y que podía sacar buenas notas en matemáticas. Incluso se imaginaba a sí misma superando el examen y sintiéndose orgullosa.

El día del examen, Norah se sintió segura de sí misma. Cada vez que le asaltaba una duda mientras hacía el examen, la disipaba con un pensamiento positivo. Confiaba en sus capacidades y eso se notaba en su trabajo.

Cuando salieron los resultados del examen, Norah estaba nerviosa. Para su sorpresa, no sólo aprobó, ¡sino que obtuvo la mejor puntuación de su clase! Su pensamiento positivo funcionó de maravilla.

Esta experiencia cambió las reglas del juego para Norah. Se dio cuenta de que el pensamiento positivo no era sólo una buena idea, sino una herramienta poderosa para enfrentarse a cualquier reto. A partir de entonces, mantuvo una actitud positiva en todo lo que hacía.

La historia deNorah se difundió rápidamente por su escuela. Sus amigos y compañeros se sintieron inspirados por ella y empezaron a pensar en positivo, viendo cómo podría cambiar sus vidas.

La historia de Norah nos enseña que, con una mentalidad positiva, podemos superar los momentos difíciles, alcanzar nuestros objetivos y hacer que nuestro futuro sea más brillante. Su viaje nos muestra el verdadero poder del pensamiento positivo.

A continuación

En esta parte del libro, has aprendido la importancia de tener una actitud positiva y de utilizar afirmaciones para tu bienestar y crecimiento personal. Al mantener una mentalidad positiva, empiezas a creer en lo que puedes hacer y a encontrar formas de superar los momentos difíciles. También has descubierto cómo crear hábitos positivos, como decirte cosas buenas a ti misma todos los días y pensar en positivo, puede aumentar tu autoconfianza.

Cuando actúas en base a pensamientos positivos, estás dando pasos reales hacia tus objetivos. Esto te hace más fuerte, aumenta tu confianza y te ayuda a descubrir tu propósito. En este capítulo hemos aprendido que mantener una actitud positiva y utilizar afirmaciones te equipa para afrontar los altibajos de la vida. Se trata de crecer y liberar tu verdadero potencial. ¿Y adivina qué? En el capítulo 8, nos sumergiremos en el desarrollo de la resiliencia y la determinación, para levantarte cuando la vida te derriba.

Capítulo 8

Desarrolla la resiliencia y la determinación

"La resiliencia es saber que eres el único que tiene el poder y la responsabilidad de levantarte a ti mismo". - Mary Holloway

Piensa en la resiliencia como en un río que sigue fluyendo, sin importar lo que bloquee su camino. Da vueltas y revueltas, esquiva rocas y atraviesa paisajes, siempre avanzando. Ese río se parece mucho a nosotros cuando nos enfrentamos a los retos de la vida, mostrándonos cómo seguir adelante y adaptarnos, pase lo que pase.

La resiliencia es lo que ayuda a la gente a levantarse después de que la vida los derriba. No es algo con lo que se nace, pero puedes desarrollarla, como un músculo, con práctica y esfuerzo.

Ser adolescente es duro. Te vas a encontrar con todo tipo de retos que pondrán a prueba lo fuerte que eres. Pero no te preocupes: tienes lo que hace falta para superar los momentos difíciles. Dentro de ti hay una fuerza increíble que te espera para afrontar cualquier problema de frente y vencer. Aprendiendo sobre resiliencia y determinación, te estás preparando para superar los altibajos de la vida. Esta parte de tu vida consiste en descubrir cómo ser resiliente y tener el impulso de seguir adelante, sin importar los obstáculos.

¿Te preguntas por qué es tan importante conocer la resiliencia? La resiliencia es importante porque es el punto de partida. No se trata de evitar los problemas ni de fingir que todo va bien cuando no es así. Se trata de saber en el fondo que tienes lo que hace falta para afrontar esos problemas. Piensa en los retos como en tus entrenadores personales, que te hacen más fuerte y más sabio con cada obstáculo que saltas.

Cómo desarrollar resiliencia frente a los desafíos

Aquí tienes algunas técnicas que pueden ayudarte a desarrollar resiliencia. Muchas de ellas parecerán de sentido común, y que ya las has oído antes. Pero, repasar conscientemente estos consejos y acordarte de utilizarlos marcará la diferencia.

· **Duerme lo suficiente:** Dormir lo suficiente es esencial para mantener una buena salud física y mental. Puede ayudarte a sentirte más alerta, concentrada y con más energía, lo que a su vez te ayuda a afrontar el estrés y la adversidad.

· **Mantente en contacto con los demás:** Mantener relaciones de apoyo con familiares, amigos y compañeros puede ayudarte a sentirte más conectada y menos aislada. También puede proporcionarte un sentimiento de pertenencia y ayudarte a construir una red de apoyo.

· **Establece y consigue objetivos:** Establecer y alcanzar objetivos puede ayudarte a aumentar la confianza y la sensación de logro. También puede ayudarte a mantenerte motivada y centrada en el futuro.

· **Expresa tus emociones de forma creativa:** Expresar tus sentimientos mediante salidas creativas como la escritura, el arte o la música puede ayudarte a procesar las emociones difíciles y a reducir el estrés.

· **Tómate tiempo para relajarte**: Tomarte tiempo para relajarte y realizar actividades que te gusten ayuda a recargarte y reducir el estrés. Esto puede incluir actividades como leer, escuchar música o pasar tiempo en la naturaleza.

Recuerda, desarrollar la resiliencia lleva tiempo y esfuerzo, pero merece la pena. Practicando estas técnicas, puedes encontrar tu fuerza interior y desarrollar las habilidades y la mentalidad necesarias para superar los retos de la vida. Céntrate en las cosas que puedes controlar en lugar de quedarte atascada en lo que no puedes cambiar.

Ser resiliente es más fácil cuando sabes adaptarte

Te vuelves adaptable al fortalecer tu capacidad para resolver problemas.

Impulsar tu capacidad de recuperación significa ser como el agua: fluir con todo lo que se te ponga por delante. La vida te lanzará algunas bolas curvas, y el truco está en recuperarte siendo flexible. Sumérgete en nuevas experiencias, mira las cosas desde una nueva perspectiva y no te cortes a la hora de adentrarte en lo desconocido. Esa es tu arma secreta para sentirte cómoda con los cambios y aumentar tus habilidades para superar retos. Además, convertirte en un profesional de la resolución de problemas es un enorme estímulo para tu resiliencia. Se trata de aprender a sortear los altibajos sin problemas.

Entonces, ¿cómo se refuerza la capacidad de resolver problemas?

- **Identificar el problema**: El primer paso es identificar el problema. ¿Cuál crees que es el problema y de dónde procede?

- **Piensa por qué es un problema**: A ver si puedes responder a algunas de estas preguntas: ¿Por qué es tan importante para ti? ¿Por qué lo necesitas? ¿Qué crees que puede ocurrir? ¿Qué es lo que te molesta? ¿Qué es lo peor que podría pasar?

- **Haz una lluvia de ideas sobre posibles soluciones al problema**: Es esencial considerar todas las opciones, aunque parezcan poco realistas o tontas.

- **Evalúa las opciones**: Tras la lluvia de ideas, evalúa cada opción.

Piensa en los pros y los contras de cada solución.

- **Crea un plan para avanzar**: Una vez elegida una solución, crea un plan para avanzar. Puede que tengas que dividir el plan en pasos más pequeños y establecer objetivos realistas.

- **Practica, practica y practica**: La resolución de problemas es una habilidad que requiere práctica, así que procura resolver problemas en situaciones cotidianas.

- **Mantente positiva**: Esto te ayudará a mantenerte motivada y centrada enencontrar una solución.

- **Siéntete orgullosa de tus pequeños pasos.** Puede que no encuentres una solución de inmediato.

- **Utiliza tus habilidades tranquilizadoras**: Recuerda la respiración profunda, la meditación o el yoga. Este es un momento perfecto para utilizar estas habilidades.

Desarrollar la determinación

La determinación es la cualidad de ser firme y resuelto en la persecución de una meta u objetivo. Implica tener una gran fuerza de voluntad y una concentración inquebrantable en el resultado final.

He aquí algunas estrategias que puedes utilizar para mantenerte firme en tu determinación:

- **Establece objetivos SMART**: Establece objetivos que sean Específicos, Medibles, Alcanzables, Relevantes y Limitados en el tiempo. Esto te ayudará a mantenerte centrada y motivada.

- **Dividelos objetivos en pasos más pequeños**: Así te resultará más fácil mantener el rumbo y no sentirte abrumada.

- **Crea un plan para alcanzar tus objetivos** : Incluye un calendario, los elementos que necesitarás y tus ideas sobre lo que harás si algo se interpone en tu camino.

- **Organízate**: Utiliza una agenda o un calendario para controlar tus objetivos y progresos. Esto te ayudará a mantener el enfoque y la motivación.

- **Celebra los éxitos**: Celebra tus logros a lo largo del camino. Esto te ayudará a mantener la motivación y a sentirte bien con tus progresos.

- **Mantén una actitud positiva**: Mantén las buenas vibras y mira el lado bueno de las cosas. Esto te ayudará a mantener la concentración incluso cuando las cosas se pongan un poco difíciles.

- **Practica las habilidades de resolución de problemas**: Esto te ayudaráa superar las barreras y a mantenerte centrada en el objetivo.

- **Mantén tu compromiso**: Compartir tus objetivos con otras personas puede ayudarte a mantener el rumbo y el compromiso de alcanzar tus objetivos.

- **Mantente flexible**: Ajusta tus objetivos si es necesario y busca otras formas de alcanzarlos si empiezas a sentirte estancada. Esto te ayudará a no desanimarte si las cosas no salen según el plan original.

Recuerda, mantener la determinación consiste en permanecer centrada y motivada, incluso cuando las cosas se ponen difíciles. Practicando estas

¿En qué consiste la perseverancia?

A veces, la vida nos lanza retos que parecen demasiado ¿verdad? Como aquella vez que te torciste el tobillo jugando tenis. Tu recuperación de aquella lesión requirió resistencia, pero también perseverancia. Puede que tuvieras que hacer terapia diaria, aplicar hielo, usar muletas mientras luchabas contra el dolor. La perseverancia consiste en mantener tus objetivos y no rendirte, incluso cuando las cosas se ponen difíciles. Aquí tienes algunos consejos para que puedas llevar esa vida de perseverancia:

- **Sueña a lo grande, pero empieza poco a poco:** Fíjate objetivos que realmente puedas alcanzar. Se siente increíble tachar algo de tu lista, y se trata de dar pasos que te acerquen a donde quieres estar.

- **Cree en tu poder para crecer:** Comprende que puedes mejorar en casi cualquier cosa si pones tu mente y tu esfuerzo en ello. Meter la pata no significa que no seas capaz; es sólo un paso en el proceso de aprendizaje.

- **Sé tu propio modelo a seguir:** Muestra agallas en lo que haces. Habla a los demás de tus propios retos y de cómo no dejaste que te detuvieran. Se trata de demostrar que, si tú puedes hacerlo, cualquiera puede.

- **Brinda y recibe apoyo:** Ofrece un abrazo o choca esos cinco para celebrar las pequeñas victorias y ofrece un hombro cuando las cosas no vayan bien. El apoyo lo hace todo más fácil.

- **Domina la resolución de problemas:** Cuando te enfrentes a un problema, divídelo en partes que puedas manejar. Míralo desde distintos ángulos e inventa formas de abordarlo.

- **Un brindis por ti:** Reconoce todo el trabajo duro que realizas y los progresos que consigues, por pequeños que sean. Se trata del viaje, no sólo del destino.

- **Recupérate como un jefe:** Enfrenta los retos y aprende de los tropiezos. Se trata de levantarse, sacudirse el polvo y volver a intentarlo, con más fuerza que antes.

Si incorporas estos trucos a tu vida, no sólo sobrevivirás, sino que prosperarás. Se trata de construir ese espíritu de superación que te ayude a superar lo que sea que la vida te ponga enfrente. ¿Lista para conquistar el mundo?

¿Qué significa realmente "potenciar la resiliencia" para las adolescentes?

Potenciar la resiliencia significa encontrar tu fuerza interior y utilizarla para afrontar los retos sin rodeos. Se trata de creer en ti misma y confiar en tus capacidades, incluso cuando las cosas se ponen difíciles. También consiste en abrazar tus cualidades y talentos únicos y no dejar que los reveses te definan. Eres capaz de adaptarte al cambio y recuperarte de los momentos difíciles. La confianza es clave, y no pasa nada por pedir ayuda cuando la necesitas. Desarrollar la resiliencia frente a los comentarios negativos y las presiones sociales implica fomentar la confianza en uno mismo, establecer límites y buscar redes de apoyo. También requiere aceptar las imperfecciones, practicar la atención plena y desarrollar habilidades de pensamiento crítico para desafiar las normas sociales. Recuerda, la resiliencia consiste en encontrar tu fuerza interior y utilizarla para superar los retos de la vida.

Para mantenerte positiva, es importante evitar a las personas y los lugares negativos. En su lugar, céntrate en construir un círculo de influencias positivas. Esto significa rodearte de personas que te apoyen y te ayuden a crecer. También significa crear un entorno que fomente tu desarrollo personal y tu bienestar. Recuerda, mantenerse positiva consiste en rodearse de buenas vibras y evitar la negatividad.

Desarrollar la resilienciafrente a la negatividad y las presionessociales

Piensa en la resiliencia como en un superhéroe contra la negatividad y la presión. Se trata de reforzar tu autoestima, saber cuándo decir "ya basta" y salir con gente que te eleve, no que te arrastre. Significa amar tus peculiaridades, mantener la calma y estar presente en el momento, y no limitarte a aceptar lo que piensan los demás sin cuestionarlo. La resiliencia es tu poder secreto para sobreponerte a los momentos difíciles.

Asegúrate siempre de cuidarte y mantenerte en un buen estado de ánimo. Si las cosas se ponen demasiado feas debido a las malas vibraciones que te rodean, no dudes en hablar con alguien en quien confíes de verdad o en pedir ayuda a un profesional. Tienes todo el derecho a estar en un lugar que te haga sentir bien y apoyada.

Una historia sobre resistencia y determinación

En una bulliciosa ciudad de Minnesota llena de soñadores, había una chica llamada Eva, que demostró ser muy fuerte e imparable al enfrentarse a retos que parecían demasiado difíciles de superar, Eva nunca dejó que la ciudad eclipsara su espíritu. Tenía grandes sueños de ser su propia jefa, creando impresionantes joyas con cosas que la mayoría de la gente tiraría a la basura, todo desde la esquina de su pequeñoa partamento.

Dar a conocer sus joyas fue un proceso arduo. Se enfrentó a muchos "noes" cuando intentó conseguir un sitio en el mercado local para exponer su trabajo. Pero Eva no se rindió. Siguió retocando sus diseños y hablando con los responsables hasta que un alma bondadosa le dio una oportunidad.

El stand de Eva destacó rápidamente, atrayendo multitudes con sus creaciones únicas y llamativas. Sus piezas no eran sólo joyas; eran símbolos de no rendirse nunca, elaboradas con corazón y una feroz determinación.

Pronto, todo el mundo hablaba del trabajo de Eva, lo que la convirtió en una celebridad local y en una fuente de inspiración para otros jóvenes soñadores. Demostró que, con agallas, puedes hacer realidad tus sueños, sin importar cuántos obstáculos encuentres.

El viaje de Eva demuestra que el verdadero éxito empieza por creer en uno mismo y no echarse nunca atrás, iluminando el camino para que otros sigan sus pasiones.

A continuación

La vida es como escalar una enorme montaña. Representa todo lo duro a lo que te enfrentarás, desde pruebas difíciles a días malos. Para llegar a la cima, necesitas una mezcla de resiliencia, determinación y perseverancia. La resiliencia es tu equipo de seguridad frente a los momentos difíciles; te ayuda a levantarte de nuevo tras una caída. La determinación es esa fuerza interior que te impulsa hacia arriba, concentrada en alcanzar la victoria. ¿Y la perseverancia? Es tu voluntad de seguir adelante, incluso cuando la línea de meta parece estar a un millón de kilómetros.

Cada reto forma parte del camino. Ser resiliente significa que estás preparado para estos retos, listo para recuperarte y encontrar formas de superar los momentos difíciles. Se trata de convertir cada obstáculo en una oportunidad para hacerte más fuerte. La determinación mantiene tus ojos en la meta, incluso a través de la niebla, y la perseverancia significa que no abandonas, pase lo que pase.

Si te aferras a la resiliencia y la determinación, te estarás armando para afrontar cualquier cosa que te depare la vida. No se trata sólo de llegar a la cima, sino de aprender por el camino. Tu viaje es similar. Continúa, mantente firme y decidida, y ninguna cima será demasiado alta. En el capítulo 9, aprenderás sobre los desequilibrios hormonales y cómo afectan a las adolescentes.

Capítulo 9

El desequilibrio hormonal y las adolescentes

"Debes ser más poderoso cuando atraviesas tus momentos más débiles". -- C. JoyBell

Ser adolescente es como estar en una montaña rusa de emociones, debido a los cambios hormonales. Es como lo que C. JoyBell señaló sabiamente sobre ser fuerte incluso cuando las cosas se ponen difíciles. Esto es superimportante mientras te enfrentas a todos los altibajos del crecimiento. Las hormonas pueden hacerte sentir de todo: feliz en un momento y totalmente diferente al siguiente. Piensa en la resistencia que necesitas para navegar por las fluctuaciones hormonales que dominan tu adolescencia (Goodreads, s.f.). Las hormonas influyen en cómo te sientes contigo misma, en tus relaciones e incluso en tu salud.

Esta parte del libro trata de comprender qué altera tus hormonas, cómo te hace sentir, y cómo mantener el equilibrio. También se trata de saber cuándo necesitas pedir ayuda si sientes que las cosas están demasiado fuera de control. Las hormonas como el estrógeno y la progesterona son elementos clave del cuerpo, especialmente en el caso de las chicas. Mantienen la regularidad de la menstruación y afectan a tu estado de ánimo. Pero cuando se desajustan, pueden causar desorden, como ciclos menstruales irregulares, brotes de acné, engordar o sufrir cambios de humor.

Quiero compartir una historia sobre mi hermana, Linda, quien tuvo verdaderos problemas durante su adolescencia. Pasó de estar muy contenta a llorar en un santiamén, todo por culpa de sus hormonas. También empezó a tener acné y a dejar de salir con sus amigos. Por suerte, nos ayudó un médico que enseñó a Linda cómo afrontar estos cambios: comiendo bien, manteniéndose activa y buscando formas de relajarse. La diferencia fue enorme.

La historia de Linda demuestra lo importante que es informarse sobre las hormonas y cómo te afectan. Saber lo que ocurre y recibir el apoyo adecuado puede ayudarte a superar esta época tan compleja con la frente en alto.

Comprender el desequilibrio hormonal

Cuando eres adolescente, tu cuerpo está básicamente en una gran transformación, pasando de niña a adulta. Este viaje implica varias hormonas, como el estrógeno y la progesterona, que son superimportantes para muchas cosas que hace tu cuerpo. Pero a veces, estos niveles hormonales pueden desajustarse, y eso es lo que llamamos desequilibrio hormonal. En el caso de las adolescentes, este desequilibrio puede afectar a tus emociones y a tu cuerpo de muchas maneras, cambiando cómo te sientes en el día a día y tu bienestar general.

Causas comunes de las fluctuaciones hormonales durante la adolescencia

Muchas cosas pueden hacer que tus hormonas se vuelvan locas. Cuando llegas a la pubertad, tu cuerpo empieza a bombear hormonas. Esto es lo que desencadena cambios como el inicio de la menstruación, el crecimiento de los pechos y la aparición del vello púbico. Pero no se trata sólo de la pubertad: tus genes, cómo vives tu vida, el estrés al que estás sometida e incluso dónde estás pueden alterar tus niveles hormonales. Tus hormonas también pueden desequilibrarse si no comes bien, te saltas los entrenamientos o no duermes lo suficiente.

Cómo identificar un desequilibrio hormonal

Saber por qué tus hormonas están desequilibradas es esencial para afrontarlo. Si tu menstruación es irregular, te salen granos, engordas, estás de mal humor, te enfadas con facilidad, siempre estás cansada o incluso estás muy deprimida o ansiosa, pueden ser señales de ello. Estas cosas pueden afectar de forma diferente a cada persona y afectar tu día a día y tu autoestima.

Entender qué pasa con tus hormonas te ayuda a tomar las riendas de tu salud. Aprender más sobre ello, pedir ayuda a los médicos cuando la necesites y cuidarte bien puede ayudarte a superar estos cambios con fortaleza y estar preparada para afrontar cualquier obstáculo relacionado con las hormonas.

Comprender los efectos emocionales de los desequilibrios hormonales

Durante la adolescencia, hormonas como el estrógeno y la progesterona se mueven como una montaña rusa, lo que puede alterar tus sentimientos. Puedes pasar de estar muy feliz a estar muy enfadada o sensible sin previo aviso. En un momento estás tranquila y al siguiente no, lo que puede ser confuso y difícil de manejar.

Comprender cómo estos altibajos hormonales influyen en tus emociones es crucial. Las hormonas no son sólo cambios físicos; también controlan las sustancias químicas del cerebro que influyen en cómo te sientes y reaccionas ante las cosas. Cuando tus hormonas están por las nubes, pueden alterar estas sustancias químicas cerebrales, provocando cambios de humor o que te sientas desorientada. Los cambios hormonales alteran el cableado del cerebro, afectando a cómo ves las cosas y cómor eaccionas en distintas situaciones.

Una historia de desafíos emocionales debidos a desequilibrios hormonales

La historia de Camila es un gran ejemplo de cómo los cambios hormonales pueden desempeñar un papel importante en la salud emocional de un adolescente. Al igual que Camila, es posible que tu estado de ánimo cambie de súper feliz a muy deprimida o enfadada en un santiamén, y puede resultar confuso no sólo para ti, sino también para las personas que te rodean. Camila descubrió que sus cambios de humor se debían a desequilibrios hormonales, comunes durante la adolescencia.

Con la ayuda adecuada, Camila encontró formas de afrontar estos altibajos emocionales. Empezó a utilizar técnicas de atención plena, a hacer más ejercicio, a centrarse en el autocuidado y a recibir apoyo de su familia y amigos. Estos pasos la ayudaron a controlar sus sentimientos y a sentirse más en control.

Si estás pasando por algo parecido, recuerda la historia de Camila. Comprender la conexión entre tus hormonas y cómo te sientes es el primer paso. Luego, con las estrategias y el apoyo adecuados, podrás manejar mucho mejor la montaña rusa emocional de la adolescencia, tal como lo hizo Camila.

Comprende los efectos físicos y sanitarios de los desequilibrios hormonales

Cuando atraviesas la adolescencia, las hormonas de tu cuerpo pueden estar por las nubes y manifestarse de distintas maneras. Una cosa común a la que se enfrentan muchos adolescentes es el acné. Esto ocurre porque tu cuerpo produce más grasa, obstruyendo los poros y provocando brotes. Tu peso también puede cambiar: puede subir o puede que te cueste mantenerlo. Estos cambios pueden hacerte sentir diferente sobre tu aspecto, lo que puede ser muy duro para tu confianza y para cómo te sientes por dentro.

Pero no se trata sólo de lo que puedes ver por fuera. Estos cambios hormonales pueden alterar tus menstruaciones, haciéndolas irregulares o muy dolorosas. Incluso pueden provocar problemas como el síndrome de ovario poliquístico (SOP), que afecta a los ovarios y puede causar problemas con el ciclo menstrual y la fertilidad. Es muy importante que hables con un médico si notas estos cambios, para que pueda darte el consejo y el apoyo adecuados.

Cómo otras adolescentes afrontaron los efectos físicos y sanitarios de las hormonas

Grace, una joven de 16 años de Miami, pasó por una época difícil con desequilibrios hormonales que le causaron un acné grave, lo que hizo que se sintiera muy desanimada consigo misma y con menos ganas de salir con sus amigos. Decidió pedir ayuda a un dermatólogo, que la ayudó a encontrar la rutina adecuada para el cuidado de su piel. Con el tiempo, su piel se aclaró y se sintió mucho mejor consigo misma.

También está Lucy, de Washington, que tenía problemas porque sus períodos eran irregulares y muy dolorosos. Pidió consejo a su médico y empezó a utilizar anticonceptivos hormonales para que sus períodos fueran más regulares y menos dolorosos. Esto la ayudó a seguir con sus estudios y sus actividades sin problemas.

Hacer frente a los desequilibrios hormonales no sólo tiene que ver con lo físico, sino también con cuidar de tu salud en general. Obtener el asesoramiento médico adecuado, llevar un estilo de vida saludable y encontrar tratamientos que funcionen para ti son pasos que puedes dar para gestionar estos cambios. Se trata de asegurarte de que te sientes bien durante estos años de cambios significativos.

Estrategias para controlar eficazmente los desequilibrios hormonales

Atravesar la adolescencia significa enfrentarse a muchos cambios de humor debidos a los cambios hormonales. Es muy importante que te cuides durante esta época. Hacer ejercicio, dormir mucho y comer bien pueden ayudarte a mantener tus hormonas bajo control. Además, hacer cosas que te relajen, como meditar, escribir tus pensamientos o dedicarte a tus aficiones favoritas, puede hacer que te sientas más relajada y feliz en general.

Tener formas de afrontar los sentimientos desafiantes es vital. Intenta respirar profundamente, charlar con alguien de confianza o ser creativa con cosas como el arte, la música o la escritura para dejar salir lo que sientes. Ser capaz de comprender y compartir tus emociones de buena manera puede reducir tu estrés y hacerte sentir mejor emocionalmente.

La importancia de buscar el apoyo de los profesionales de la salud

Cuando tienes problemas hormonales, es muy importante que te ayuden profesionales de la medicina, como médicos o ginecólogos. Ellos entienden lo que sucede en tu cuerpo y pueden darte los consejos o el tratamiento adecuados que puedas necesitar. Pueden averiguar por qué te sientes mal, elaborar un plan para ayudarte a sentirte mejor y responder a cualquier pregunta sobre los cambios que estás experimentando.

Acudir a un terapeuta también puede ser de gran ayuda. Pueden apoyarte emocionalmente en estos momentos confusos, ayudándote a afrontar los sentimientos y las situaciones que surgen debido a los cambios hormonales.

Hablar abiertamente con estos expertos sanitarios es fundamental. No seas tímida a la hora de compartir lo que sientes o notas en tu cuerpo. Hacer preguntas es bueno: significa que te haces cargo de tu salud. Recuerda que estos profesionales están aquí para apoyarte y asegurarse de que te mantengas sana, tanto en tu cuerpo como en tu mente, mientras atraviesas estos cambios.

Palabras alentadoras para que abraces tu cuerpo y tus emociones en este momento de cambio

Ser adolescente significa que vas a ver muchos cambios en tu cuerpo y en tus sentimientos. Es muy importante que seas amable contigo misma en lugar de intentar ajustarte a estándares imposibles. Recuerda que el viaje de cada persona es diferente, y que no pasa nada por verte y sentirse diferente a los demás. Hacer cosas que te hagan sentir bien contigo misma, como salir con amigos que te apoyen, elegir ver o leer cosas que te den una perspectiva positiva y recordarte a ti misma lo que vales, puede ayudarte mucho a sentirte mejor contigo misma.

Puede que durante estos años sientas que tus emociones están por todas partes, y eso es totalmente normal. Está bien que te apoyes en amigos, familiares o incluso en un consejero cuando las cosas se pongan difíciles. Estas pueden ser las personas a las que acudas para pedir consejo o incluso cuando necesites "desahogarte".

Aceptar quién eres, encontrar formas de afrontar el estrés y pedir consejo a los médicos cuando sea necesario puede ayudarte a superar los altibajos del crecimiento. Esta época de tu vida consiste en aprender más sobre quién eres y desarrollar las habilidades que utilizarás el resto de tu vida.

Un buen ejemplo es la historiade Violet. Ella es una chica de 13 años de Hawái que empezó a notar cambios debido a las variaciones hormonales. Algunos días, se sentía muy triste sin motivo, y otras veces, no podía parar de reír o llorar. Gracias a su amiga Brittany y a su madre, se dio cuenta de que no estaba sola. La animaron a hablar con un médico, que la ayudó a entender lo que estaba pasando y le aseguró que tenía apoyo. En la consulta,

Violet conoció a la Dra. Anderson, una profesional de la salud amable y empática. La Dra. Anderson le explicó que los desequilibrios hormonales durante la adolescencia eran frecuentes y podían manifestarse de diversas formas. Le aseguró a Violet que estaba allí para ayudarla a superar este cambio.

La Dra. Anderson dio a Violet algunos consejos estupendos para hacer frente a la montaña rusa hormonal. Hizo hincapié en lo importante que es cuidarse durmiendo lo suficiente, comiendo bien y manteniéndose activa. Violet también se aficionó a algunos pasatiempos interesantes para combatir el estrés, como escribir un diario y dibujar sus pensamientos y sentimientos.

Con el tiempo, Violet descubrió qué era lo que mejor le funcionaba. Dar largos paseos por el parque le ayudaba a despejarse, y escribir en su diario se convirtió en un espacio seguro en el que podía derramar sus pensamientos sin preocupaciones. Estos métodos la ayudaron a sentirse más en sintonía con sus emociones.

A pesar de los retos, con el apoyo de su familia, amigos y médicos, Violet aprendió a aceptar y amar su cuerpo cambiante y sus emociones. Se dio cuenta de que su valía no estaba ligada a sus niveles hormonales, sino a su capacidad para recuperarse y encontrar su fuerza interior.

Violet incluso empezó a difundir información sobre salud mental y autocuidado en la escuela, organizando talleres para hablar sobre cómo afrontar los problemas de la adolescencia y cómo manejar los cambios hormonales. Su historia animó a otros a buscar ayuda y a ver los cambios de la vida desde una perspectiva positiva.

Mirando hacia atrás, Violet vio cómo enfrentarse a sus problemas hormonales la hizo no sólo más fuerte, sino también más amable y comprensiva. Se sentía preparada para lo que la vida le tuviera preparado, con confianza en sí misma y mucho corazón.

Al igual que Violet, pedir ayuda y hablar de lo que te ocurre es un gran paso para sentirte mejor y tener más control de tu vida en estos tiempos de cambio.

A continuación

Entender por qué tus hormonas están por las nubes es superimportante para mantener el amor propio y sentirte poderosa. Cuando entiendas lo que le ocurre a tu cuerpo y a tus emociones durante estos cambios, podrás encontrar la mejor manera de afrontarlo todo. Ser amable y comprensiva contigo misma es crucial cuando estás en la montaña rusa hormonal.

Conocer cosas como los períodos irregulares y el cansancio extremo, te ayuda a encontrar la forma correcta de manejarlos. Hablar abiertamente, cuidarte bien y, a veces, incluso charlar con los médicos puede ayudarte a superar estos cambios y a sentirte fuerte y positiva.

Este viaje consiste en ganar confianza en ti misma y aprender a quererte en cada paso del camino. ¿Y adivina qué? El capítulo 10 profundizará aún más en cómo puedes arrasar con todo esto del amor propio y el empoderamiento.

Capítulo 10

♥

Mantener el amor propio y el empoderamiento

Si puedes amar, empieza primero por amarte a ti mismo.-
Charles Bukowski

Charles Bukowski empieza este capítulo recordándonos lo crucial que es querernos a nosotros mismos. Antes de poder conectar con los demás, debes empezar por quererte a ti misma. Luego, nos sumergimos en aceptar y celebrar quién eres. Se trata de acallar esa voz interior que te critica y sustituirla por amabilidad y comprensión. Reconocer tu valía es un gran paso en este viaje de por vida hacia el amor propio. Exploraremos cómo hacer cosas buenas para tu mente, cuerpo y alma ayuda a mantener fuerte el amor propio. También es vital establecer límites y contar con amigos que los respeten.

Aprenderás la importancia de hablar por ti misma y de reconocer en qué eres buena. Utilizaremos historias y ejemplos reales para mostrarte cómo ser valiente y defenderte a ti misma y a los demás. Leeremos sobre personas que se han enfrentado a momentos difíciles y cómo los superaron, enseñándote a recuperarte, a adaptarte y a creer en ti. Piensa en los retos como oportunidades para crecer y aprende a afrontar con confianza cualquier cosa que se te presente.

Cultiva el amor propio

Hablemos a continuación de cómo tú, como adolescente, puedes abrazar realmente el amor propio. Se trata de encontrar formas de sentirte bien con lo que eres. Puedes empezar escribiendo en un diario, utilizando afirmaciones positivas y practicando la atención plena. Son formas estupendas de conocerte mejor y mantenerte positiva.

Hacer cosas que te gusten, cuidarte y salir con amigos que te apoyen es muy importante. Ayudan a mantener lleno tu "depósito de amor propio".

La autoaceptación y ser amable contigo misma también son esenciales. Significa aceptar que no eres perfecta, reconocer en qué eres buena y darte un respiro. Se trata de apagar esa voz negativa en tu cabeza y tratarte con la misma amabilidad que mostrarías a un amigo.

Afrontar los momentos difíciles forma parte del viaje. Desarrollar una mentalidad de crecimiento significa ver los retos como oportunidades para aprender y mejorar. Pedir consejo a personas de confianza, como mentores, amigos o terapeutas, puede ayudarte mucho cuando las cosas se ponen difíciles. Desarrollar la resiliencia, establecer objetivos alcanzables y celebrar tus éxitos, por pequeños que sean, también marcan una gran diferencia.

Recuerda que el amor propio es un viaje continuo. Si sigues estas prácticas, te aceptas a ti misma y superas los momentos difíciles, estarás construyendo una base sólida de amor propio. Esto te capacitará para afrontar los retos de la vida con confianza y apreciar plenamente tu propia y única genialidad.

Sigue potenciándote

Ahora, hablemos de cómo puedes seguir creciendo y sintiéndote bien contigo misma. Es como ir a una aventura en la que eres la heroína de tu propia historia.

Empieza fijándote objetivos interesantes. Pueden ser cualquier cosa, desde sacar mejores notas hasta aprender una nueva afición. Cuando persigues estos objetivos, sales de tu zona de confort. Aquí es donde creces y descubres de lo que eres capaz.

La vida a veces puede lanzarte retos inesperados, pero ¿sabes qué? Eso en realidad es algo bueno. Cuando empiezas a ver los retos como oportunidades para aprender algo nuevo, empiezas a desarrollar una "mentalidad de crecimiento". Esto significa que estás preparada para adaptarte y cambiar, sin importar lo que venga.

Desarrollar la resiliencia también es muy importante. Piensa en ella como tu superpoder secreto que te ayuda a recuperarte cuando las cosas se ponen difíciles. Puedes cultivarla cuidándote, gestionando el estrés de manera efectiva y rodeándote de personas que respalden.

Así que, si aceptas el cambio, te enfrentas a nuevos retos y te cuidas, estarás en el camino de seguir creciendo y ser la mejor versión de ti misma. Se trata de utilizar tu fuerza interior para superar los obstáculos y vivir una vida feliz y empoderada. ¡Sigue adelante y verás lo increíble que puedes llegar a ser!

Cómo mantener vivo y en crecimiento tu viaje de empoderamiento

El amor propio sostenido es el pilar del estímulo continuo para ti. Al desarrollar un profundo sentimiento de amor y aceptación hacia ti misma, desbloqueas tu potencial y abrazas tus cualidades únicas. Creer en ti misma es un don. Te empuja a enfrentarte a cosas difíciles, a seguir tus sueños y a seguir sintiéndote bien con tu vida. Se trata de saber que puedes hacer frente a todo lo que se te presente y de ir tras lo que quieres, ¡haciendo que tu vida sea increíble en el proceso!

Historias inspiradoras de capacitación personal

Nombre: Lorna

Edad: 17años

Antecedentes: Lorna creció en un lugar donde todo el mundo esperaba que las chicas siguieran unas normas anticuadas y no destacaran demasiado. Pero Lorna era diferente. No iba a dejar que esas viejas ideas la detuvieran. Le encantaba la música y soñaba con montar su propia banda. Así que Lorna lo hizo, rompiendo el molde de lo que la gente pensaba que debía ser. Claro que la miraron de reojo y tuvo que enfrentarse a gente que dudaba de ella, pero Lorna no se rindió. Su banda se convirtió en su forma de alzar la voz, de demostrar que las chicas pueden rockear igual de fuerte y de inspirar a otras a perseguir lo que aman. El viaje de Lorna le enseñó tanto a ella como a todos los que la veían, que ser fiel a lo que eres y perseguir tus sueños es lo que realmente importa.

Nombre: Jillian

Edad: 16 años

Antecedentes: Jillian, una adolescente, lo pasó mal por culpa de los abusadores y de la gente que la hacía sentirse mal por su cuerpo. Pero en lugar de dejar que eso la deprimiera, decidió hacer algo al respecto. Empezó a practicar la atención plena y a cuidarse, encontrando una conexión especial con el yoga y la meditación. Estas actividades la ayudaron a sentirse tranquila y en control. Jillian incluso empezó a compartir sus experiencias en las redes sociales, inspirando a otras personas. Creó una comunidad en la que todos celebraban quererse a sí mismos y a sus cuerpos tal y como son. La historia de Jillian muestra cómo cuidarte puede cambiar tu vida y ayudarte a sentirte orgullosa de quién eres.

Nombre: Trudy

Edad: 18 años

Antecedentes: A Trudy le gustaba mucho ayudar al medio ambiente y asegurarse de que el planeta se mantuviera sano. No se limitaba a hablar de ello, ¡hacía cosas de verdad! Organizaba programas de reciclaje, reunía a la gente para plantar árboles y enseñaba a los demás lo importante que es vivir de un modo que sea bueno para la Tierra. El duro trabajo de Trudy y su entusiasmo por el medio ambiente hicieron que otros jóvenes de su edad se unieran a ella. Incluso crearon un grupo dirigido por jóvenes para seguir haciendo cambios positivos para el medio ambiente. Las acciones de Trudy mostraron a todos lo poderoso que es cuando la gente trabaja unida por una causa en la que cree y cómo incluso una sola persona puede marcar una gran diferencia en el mundo.

Nombre: Isabella

Edad: 15 años

Antecedentes: Isabella lo pasó mal porque otros esperaban que tuviera un aspecto determinado, lo que afectaba a cómo se sentía consigo misma. Pero no dejó que eso la detuviera. Pidió ayuda a alguien que pudiera guiarla y se unió a un grupo enfocado en el amor propio y de estar bien con el aspecto físico. Isabella se esforzó por ser más amable consigo misma, hacer cosas que la hicieran sentirse bien y pensar en positivo. Cuando empezó a sentirse mejor consigo misma, decidió ayudar a los demás. Habló de lo importante que es estar bien con tu cuerpo y cuidar tu mente. La historia de Isabella ayudó a muchas otras chicas a aprender a quererse tal como son.

Nombre: Olivia

Edad: 16 años

Antecedentes: Olivia realmente se preocupaba por hacer las cosas justas y correctas para todos. No se limitaba a hablar de ello, sino que actuaba para marcar la diferencia. Ayudó en su comunidad, trabajó con grupos locales y consiguió que la gente hablara de temas importantes. Su duro trabajo y su pasión entusiasmaron también a otros adolescentes. Se reunieron y crearon su propio grupo centrado en la justicia social. Juntos hicieron correr la voz, organizaron protestas y trabajaron para lograr cambios. Olivia demostró a todo el mundo que, si realmente te interesa algo y trabajas con otros, puedes tener un gran impacto y, al mismo tiempo, crecer como persona.

Historias personales que apoyan el amor propio y el empoderamiento

Theresa, de 17 años y residente de las ajetreadas calles de Nueva Jersey, tuvo problemas con la imagen que tenía de sí misma. Había engordado un poco y tenía acné, lo que le bajaba mucho su autoestima. Pero Theresa no dejó que esto la deprimiera durante mucho tiempo. Empezó a ir a terapia y dedicó tiempo a pensar en quién era y qué quería. Esto la llevó a empezar a quererse más a sí misma. Decidió compartir sup roceso en un blog, hablando honestamente de sus luchas y de lo que había aprendido. Pero esto no era sólo para ella; quería ayudar a otras personas que se sintieran igual. Theresa se convirtió en una gran defensora de ser positiva con respecto a tu cuerpo y cuidar tu salud mental. Animó a todo el mundo a sentirse bien con lo que son y a apreciar su propio tipo de belleza. Su historia acabó inspirando a muchas otras chicas a cuidarse mejor y a aceptar realmente quiénes son.

A Maud, que tiene 16 años y vive en Maryland, Virginia, le encanta el arte. Pero cuando les dijo a sus amigos que quería ser artista, no la apoyaron mucho. En lugar de enfadarse, Maud decidió hacer algo al respecto. Creó su propio sitio web para mostrar su arte. En este espacio, hablaba de cómo el arte era una forma de expresarse. Su sitio web se convirtió en un lugar fantástico donde otros jóvenes artistas podían compartir su arte y ser ellos mismos sin preocuparse de lo que pensaran los demás. Los esfuerzos de Maud mostraron a otros jóvenes artistas que está bien ser creativo, dejar de preocuparse por lo que piense la gente y utilizar su pasión para encontrar felicidad y confianza en sí mimos.

Lila, de 15 años y residente de California, lo pasó mal en el colegio porque la acosaban mucho. Pero no se limitó a aceptarlo; decidió hacer algo al respecto. Creó un grupo en su escuela para luchar contra el acoso. Se reunían regularmente para brindarse apoyo y hablar sobre cómo afrontar el acoso. Lila organizó actividades como talleres y asambleas escolares para enseñar a todos lo perjudicial que puede ser el acoso. También organizó campañas para hacer correr la voz sobre la amabilidad y la comprensión mutuas. Gracias a su duro trabajo, los alumnos acosados se sintieron más valientes para hablar, e incluso los que no estaban directamente afectados aprendieron a ser más tolerantes y amables. Los esfuerzos de Lila ayudaron a crear un ambiente más amable y cariñoso en su escuela.

Sharon, que tiene 17 años y vive en Georgia, está muy interesada en proteger el medio ambiente y hacer del mundo un lugar mejor. Empezó un proyecto fantástico llamado "Generación Verde" para conseguir que la gente de su zona se preocupara más por las cuestiones medioambientales. Organizó campañas de reciclaje, limpió el barrio y enseñó a los demás a vivir de forma más sostenible. Sharon quería que todos, especialmente otras chicas jóvenes, se implicaran y vieran que podían marcar una gran diferencia en el cuidado de nuestro planeta. Su trabajo ha consistido en mostrar a la gente que pueden ser héroes medioambientales a su manera.

Sophie, a los 16 años, seconvirtió en una defensora de los derechos LGBTQ+ en Alaska. Comprendiendo lo importante que es para todos sentirse aceptados, creó un club GSA en su escuela. Este club se convirtió en un lugar donde los estudiantes LGBTQ+ y sus amigos podían pasar el rato, compartir sus historias y apoyarse mutuamente. Sophie organizó todo tipo de actividades, como talleres, charlas con oradores invitados y campañas para ayudar a todos los alumnos de su centro a conocer y aceptar la diversidad. Sus esfuerzos ayudaron a muchos alumnos, sobre todo chicas, a sentirse orgullosos de lo que son, a apreciar la diversidad que les rodea y a defender la igualdad de trato y la inclusión en todos los aspectos de la vida.

A continuación

Para crecer como persona y sentirte bien contigo misma, es de suma importancia quererte y aceptarte como eres. Cuidarte, aceptar tus defectos y hablarte con amabilidad son las claves para construir ese amor propio. Además, para empoderarte de verdad, sigue desafiándote, fijándote objetivos y probando cosas nuevas. Recuerda que la gente que te rodea es muy importante. Tener amigos, mentores y modelos que te apoyen puede ayudarte a mantenerte motivada y a sentirte fuerte. Cuando te quieres a ti misma, estás más preparada para afrontar los momentos difíciles, perseguirtus sueños y tener éxito en lo que hagas. Ahora bien, ¿cómo mantienes esa positividad viva en tu vida?

Capítulo 11

♥

Mantener viva la positividad de la vida

Antes de seguir adelante, quiero que sepas que he incluido un capítulo extra para este libro. Es para que lo lean padres, tutores, abuelos, mentores y otros modelos de conducta en tu vida. Este viaje ya es duro de por sí y es importante que cuentes con la comprensión y el apoyo de los demás. Por favor, comparte este libro con ellos, especialmente el capítulo siguiente. Tener a algunos adultos en tu equipo hace que este viaje sea más fácil.

Al concluir este increíble viaje, pensemos en lo que dijo C. Joy Bell: "Soy la única que puede hundirme, y no voy a permitir que lo haga nunca más". Esta cita trata de quererte a ti misma, que es un gran tema del que hemos hablado en este libro, creado especialmente para chicas como tú.

Lo más importante es que tú tienes todo el poder dentro de ti. Nadie más puede decidir cuánto vales o cómo debes sentirte contigo misma. Tienes la asombrosa capacidad de dar forma a tu propia vida y a cómo te ves a ti misma. Aprender a quererte significa que no necesitas que los demás te digan que eres lo bastante buena; se trata de creer en ti misma, recuperarte de los momentos difíciles y estar emocionalmente sana.

En el primer capítulo, hablamos de que conocerse bien a uno mismo es el primer paso para quererse de verdad. Probamos cosas como prestar mucha atención a nuestros pensamientos, y sentimientos, escribir en diarios y tomarnos tiempo para reflexionar sobre nuestras vidas.

El capítulo 2 trataba sobrecrecer en ti misma y aprender formas de aumentar tu confianza, como fijarte objetivos que realmente puedas alcanzar, celebrar las pequeñas victorias, y empujarte a probar cosas nuevas.

En el capítulo 3, vimos cómo sentirnos más equilibrados y sanos. Aprendimos a controlar el estrés, a cuidarnos y a asegurarnos de tener un buen equilibrio entre trabajo y ocio.

El capítulo 4 nos enseñó a apreciar lo únicos que son nuestros cuerpos y a pensar positivamente sobre nuestro aspecto, aceptando las diferencias de cada uno, siendo amables con nosotros mismos y no creyendo en los estándares de belleza de la sociedad.

El capítulo 5 habla de la importancia de alejarnos de las pantallas y centrarnos en nuestra salud mental, controlando el tiempo que pasamos conectados, haciendo amistades significativas y practicando el autocuidado.

En el capítulo 6, descubrimos lo poderosos que pueden ser el pensamiento positivo y la creencia en el crecimiento. Hablamos de cómo la forma en que nos dirigimos a nosotros mismos puede marcar una gran diferencia, de cómo ser resilientes y de cómo reconocer nuestros propios puntos fuertes.

El capítulo 7 trataba del poder de una mentalidad positiva, de cambiar nuestra forma de pensar para ser más positivos y de la magia de decirnos a nosotros mismos que somos capaces y valiosos.

El capítulo 8 nos mostró que los reveses forman parte de la vida, pero también aprendimos formas de volver aún más fuertes. Hablamos de cómo afrontar los momentos difíciles y de cuándo está bien pedir ayuda.

El capítulo 9 se centra en los retos a los que se enfrentan las adolescentes, como los cambios durante la pubertad y cómo afectan a nuestro estado de ánimo y autoestima. Comprender estos cambios y recibir apoyo durante los mismos puede ayudarnos a ser más amables con nosotras mismas, a recuperarnos de las dificultades y a sentirnos empoderadas.

El capítulo 10 hizo hincapié en la necesidad de seguir cuidándonos y de seguir empoderándonos. Aprendimos formas de mantener una buena relación con nosotros mismos, establecer límites, y mejorar nuestra salud emocional.

A lo largo de este libro, hemos hecho hincapié en lo cruciales que son el amor propio, la confianza, la resiliencia y el bienestar emocional para llevar una vida plena. Si adoptas estas cualidades, extenderás la positividad, establecerás relaciones sanas, perseguirás tus sueños sin miedo, superarás los retos con gracia y te embarcarás en un viaje de amor propio que durará toda la vida. Recuerda siempre que eres digna, capaz y merecedora de amor y felicidad.

Al finalizar este libro, espero que no lo guardes en tu estantería para no volver a mirarlo nunca más. Si realmente quieres tomar las riendas de tu vida, puede que quieras volver a consultar capítulos concretos para refrescar tu espíritu y recordar estrategias importantes que hayas aprendido. Aférrate a las palabras de C. Joy Bell como recordatorio de que tienes el poder de elevarte. El mundo está esperando ver brillar tu luz, y estoy segura de que, con amor propio, confianza, resiliencia y bienestar emocional, conseguirás grandes cosas y tendrás un impacto positivo.

Mis mejores deseos.

Una petición respetuosa

Espero que hayas disfrutado leyendo esta guía y que te hayas llevado algunas ideas que puedes utilizar ahora mismo en tu vida. Si crees que este libro ayudará a otros adolescentes, tómate unos minutos para compartir tus pensamientos positivos, dejando una reseña en Amazon. Puede que hayas encontrado varios "destellos" o ideas en las que no habías pensado antes. Sólo imagina la diferencia que puede suponer compartir estos pensamientos con tus amigos y con tu familia

Las reseñas son importantes para cualquier autor, especialmente para los que somos independientes.

Aunque sólo sean una o dos frases, serán útiles tanto para otros lectores como para mí.

Haz clic en este código QR para dejar tu reseña ahora

Gracias.

Cómo puedes apoyar mejor a las adolescentes

El capítulo para padres, tutores y otros modelos de conducta

"Justo cuando la oruga pensaba que el mundo se acababa, se convirtió en mariposa". -Barbra Haines Howett

Hola, padres, tutores, abuelos y otros modelos de conducta. ¿Se dan cuenta de lo importantes que son para sus adolescentes? Justo cuando se vuelve más difícil hablar con ellos, más difícil entenderles y, me atrevería a decir, más difícil a veces incluso gustarles, es cuando más los necesitan. Los adolescentes están llenos de hormonas: sus cuerpos y estados de ánimo cambian, la mayoría de las veces sin que se den cuenta. La cita anterior puede ser algo a lo que puedas aferrarte cuando pases por momentos difíciles con tu hija adolescente, pero también puede ser algo que debas recordarle.

Como mujer que una vez fue adolescente, como madre de 2 hijas que pasaron por la adolescencia, como abuela de 3 nietas adolescentes y como antigua profesora de séptimo grado que trabajaba con docenas de chicas adolescentes cada día escolar, me gustaría compartir algunos consejos que ojalá hubiera sabido hace muchos años, cuando estaba criando a mis propias hijas. Estos consejos tratan sobre lo que este grupo especial de adolescentes necesita más de ti durante su adolescFencia.

Lo más probable es que hayas comprado este libro para tu hija adolescente; sin embargo, es vital que no sólo sepas lo que leerá en este libro, sino que también entiendas algunas de las palabras y conceptos clave.

Si aún no lo has hecho, consulta el índice. Verás muchas de las palabras clave en torno a este tema. Son palabras como resiliencia, mentalidad positiva, perseverancia, autocuidado y otras. Para que tanto nosotros como tus adolescentes estemos en la misma página, compartiré las definiciones de estas palabras tal y como se utilizaron en este libro.

Por último, no te preocupes demasiado por los tiempos difíciles que se te avecinan o en los que ya estás inmerso, pues, al fin y al cabo, como dijo una vez el poeta inglés Edward Fitzgerald: "Esto también pasará".

Palabras clave

Determinación: es la cualidad de ser firme y resuelto en la persecución de una meta u objetivo. Implica tener una gran fuerza de voluntad y una concentración inquebrantable en el resultado final.

Empoderamiento: el proceso de hacerse más fuerte y tener más confianza en uno mismo, especialmente a la hora de controlar la propia vida y reclamar los propios derechos.

Mindfulness: la práctica de estar plenamente presente en el momento, prestando atención a tus pensamientos, sentimientos y sensaciones sin juzgarlos. Ayuda a reducir el estrés, mejorar el bienestar mental y aumentar la concentración y la autoconciencia.

Abrumado: un estado en el que la persona se siente desbordada o inundada, completamente derrotada.

Perseverancia: esfuerzo continuado para hacer o conseguir algo a pesar de la dificultad o el retraso en alcanzar el éxito

Mentalidad positiva: forma de afrontar los retos de la vida con una perspectiva positiva. No significa evitar o ignorar las cosas malas, sino sacar el máximo partido de las situaciones difíciles, encontrar lo mejor en otras personas o verse a uno mismo de forma positiva.

Resiliencia: capacidad de recuperarse de situaciones difíciles. Se trata de adaptarse bien ante la adversidad, el trauma, la tragedia, las amenazas o las fuentes de estrés. Esto puede incluir desde problemas familiares y de pareja hasta problemas graves de salud o tensiones laborales y económicas. No se trata sólo de "superar" los retos, sino también de crecer y, potencialmente, encontrar resultados positivos en tiempos difíciles. La resiliencia implica una resistencia mental, emocional y a veces física que te ayuda a manejar las experiencias difíciles y, en muchos casos, a salir fortalecido de ellas.

Amor propio: es la consideración del propio bienestar y felicidad (considerada principalmente una característica deseable y no narcisista). El amor propio consiste en quererse a uno mismo de forma sana. Es saber que somos defectuosos, pero que nos preocupamos por nosotros mismos a pesar de nuestras imperfecciones. El amor propio no significa que no te preocupes por los demás. Más bien significa ser tan amable contigo mismo como lo eres con los demás. Acéptate plenamente, trátate con amabilidad y respeto, y cultiva tu crecimiento y bienestar.

Con estos términos clave definidos, esperamos que entiendas mejor de qué trata el resto de este capítulo.

¿Por qué necesitamos amarnos a nosotros mismos?

Si creciste sin ningún modelo de amor propio ni nadie que te hablara de la importancia de ser bueno contigo mismo, podrías cuestionar por qué es valioso.

Sin amor propio, es probable que seas muy autocrítico y caigas en la complacencia con la gente y en el perfeccionismo. Es más probable que toleres el abuso o el maltrato de los demás. Puedes desatender tus propias necesidades y sentimientos porque no te valoras. Puedes autosabotearte o tomar decisiones que no te benefician.

El amor propio es la base quenos permite ser asertivos, establecer límites y crear relaciones sanas con los demás, practicar el autocuidado, perseguir nuestros intereses y objetivos, y sentirnos orgullosos de lo que somos.

Amor propio vs. Narcisismo

Además de cuestionar si el amor propio es realmente necesario, otro obstáculo importante para el amor propio es la creencia de que es narcisista o egoísta.

Cuando los psicólogos y terapeutas fomentan el amor propio, no están hablando de ponerse en un pedestal por encima de los demás. Los narcisistas se creen mejores que los demás y no reconocen ni asumen la responsabilidad de sus errores y defectos. También buscan en exceso validación y reconocimiento externos y carecen de empatía hacia los demás.

El amor propio, por otra parte, no consiste en presumir de lo genial que eres. Las personas que se quieren a sí mismas de forma sana saben que son imperfectas y que cometen errores. Se aceptan y se cuidan a pesar de sus imperfecciones. El amor propio no te impide preocuparte por los demás; simplemente significa que puedes darte a ti mismo la misma amabilidad que das a los demás.

Cómo fomentar la perseverancia en tu hija adolescente

Fomentar y alimentar la perseverancia implica proporcionar un entorno de apoyo, enseñar habilidades valiosas y demostrar la importancia de la resiliencia para superar los obstáculos.

He aquí estrategias que te ayudarán a apoyar y fomentar la capacidad de perseverar de un adolescente:

- **Fomenta una mentalidad de crecimiento**. Recuerda a tu hija adolescente que sus capacidades pueden desarrollarse mediante la dedicación y el trabajo duro. Haz hincapié en el valor del esfuerzo y de aprender de los errores, en lugar de centrarte únicamente en el talento innato. Cuéntales anécdotas de veces en las que tú metiste la pata y seguiste con el problema hasta resolverlo.

- **Muéstrales modelos de conducta.** Habla con tus hijas adolescentes sobre a quién ven como modelo a seguir. Ten una conversación sobre por qué eligieron a esa persona. Comparte algunos de tus modelos de conducta, como tus padres u otros miembros de la comunidad, y por qué decidiste modelar tus acciones según las suyas. Las historias de mujeres que han superado obstáculos pueden motivar y animar a cualquier joven.

- **Apoya sus pasiones.** Anima a tu hija adolescente a realizar actividades que le apasionen: arte, música, deportes, estudios, etc. Cuando tu hija se dedica a estas actividades, desarrolla la perseverancia para superar los retos que se le presenten.

- **Enséñales a resolver problemas**. Esto es crucial. Ofrece ejemplos de tu vida. Anímales a dividir los problemas en partes manejables y a explorar varias soluciones. Tómate tu tiempo para acudir a su ayuda cuando se atasquen. En lugar de hacer la tarea por ellos, pregúntales qué podrían hacer y hablen al respecto.

- **Celebra el esfuerzo, no sólo los logros**. Elogia los esfuerzos de tu hija adolescente, no sólo sus logros. Ninguna victoria es demasiado pequeña para celebrarla. Reconoce su esfuerzo independientemente del resultado.

- **Proporciona un entorno seguro para el fracaso.** Anima a que asuman riesgos y a aprendan de los fracasos. Crea un entorno en el que vean los errores como oportunidades de crecimiento y no como fuentes de vergüenza.

- **Ayúdales a fijar objetivos realistas y alcanzables**. Las expectativas poco realistas pueden llevar al desánimo, mientras que los objetivos alcanzables pueden fomentar la perseverancia.

- **Enseña estrategias de afrontamiento**. Equipa a las chicas con mecanismos de afrontamiento para controlar el estrés y los contratiempos. Técnicas como la atención plena, la respiración profunda o llevar un diario pueden ayudar a superar situaciones difíciles.

- **Fomenta las redes de apoyo**. Facilita las conexiones con compañeros, mentores, familiares y contigo mismo. Tener una red de apoyo sólida puede proporcionar ánimo en los momentos difíciles.

- **Predica con el ejemplo.** Demuestra perseverancia en tus objetivos. Comparte historias sobre cuando no conseguiste algo que pensabas que realmente querías. Aun así, las cosas acabaron siendo mejor de lo que pensabas inicialmente. Tus acciones y tu actitud ante los retos pueden servir como un poderoso ejemplo para los adolescentes.

Ayuda a tu hija a desarrollar una mentalidad positiva

Ayudar a tu hija adolescente a desarrollar una mentalidad positiva y sana implica varias estrategias proactivas para apoyar su bienestar mental y emocional:

- **Comunicación abierta:** Establece un entorno seguro y abierto para la comunicación, animando a tu hija adolescente a expresar sus sentimientos y pensamientos sin ser juzgado.

- **Modela un comportamiento positivo:** Demuestra una actitud y una mentalidad positivas en tu propia vida. Los adolescentes suelen aprender con el ejemplo, así que tu forma de afrontar los retos y tu cuidado personal influirá en ellos.

- **Fomenta las relaciones positivas:** Apoya a tu hija adolescente para que establezca relaciones fuertes y sanas con su familia y amigos. Las interacciones sociales positivas pueden mejorar significativamente su salud mental.

- **Fomentar la resiliencia:** Ayúdales a desarrollar estrategias para afrontar los contratiempos y los retos. Anímales a ver los fracasos como oportunidades de crecimiento.

- **Atención plena y manejo del estrés:** Introduce prácticas como la meditación, el yoga u otras técnicas de atención plena para ayudar a controlar el estrés.

- **Establece metas realistas:** Anima a tu hija adolescente a fijarse metas alcanzables y a reconocer sus logros, lo que puede aumentar su confianza y motivación.

- **Fomenta la gratitud:** Anímales a reflexionar y apreciar los aspectos positivos de su vida. Esto les ayudará a desviar la atención de los pensamientos negativos.

Ayuda a tu hija a desarrollar resiliencia

Para ayudar a los adolescentes a desarrollar la resiliencia, pueden ser eficaces varias estrategias:

- **Fomenta la conexión:** Fomenta relaciones fuertes y positivas con la familia y los amigos. Esta red de apoyo puede animar y ayudar a los adolescentes a superar los retos.

- **Fomenta la asunción de riesgos saludables:** Anima a los adolescentes a salir de su zona de confort, probar cosas nuevas y asumir retos dentro de un marco seguro y de apoyo.

- **Enseña autocuidado:** Resalta la importancia de cuidar su salud física y mental mediante el ejercicio regular, una dieta sana, dormir lo suficiente y técnicas de atención plena o relajación.

- **Desarrollar habilidades para resolver problemas:** Ayuda a los adolescentes a aprender a identificar problemas, pensar en soluciones y tomar medidas para resolverlos, fomentando así su confianza e independencia.

- **Fomenta una mentalidad de crecimiento:** Anima a los adolescentes a ver los retos como oportunidades para aprender y crecer, y no como obstáculos insuperables. Elogia el esfuerzo, la persistencia y la resistencia por encima del mero éxito.

- **Modelar la resiliencia:** Demuestra cómo afrontar el estrés y la adversidad de forma saludable. Los adolescentes suelen aprender con el ejemplo, así que mostrarles cómo sorteas las dificultades puede ser muy instructivo.

- **Fomenta la inteligencia emocional:** Ayuda a los adolescentes a comprender y gestionar sus emociones. Reconocer y expresar los sentimientos de forma saludable es un componente esencial de la resiliencia.

- **Ofrece oportunidades de reflexión:** Anima a los adolescentes a reflexionar sobre sus experiencias, incluidos sus fracasos, para identificar lo que han aprendido y cómo pueden aplicar esas lecciones en el futuro.

¿Ves lo que quiero decir sobre las palabras clave? Están entrelazadas dentro de estos conceptos hasta el punto de que sólo puedes hablar de una mientras utilizas otra. Espero que con la lectura de este capítulo para padres comprendas mejor los conceptos de este libro.

Mis mejores deseos mientras navegas por la adolescencia con tu adolescente y ¡recuerda <u>disfrutar del viaje</u>!

Una petición respetuosa

Padres, tutores, abuelos, mentores, otros adultos importantes: espero que hayan disfrutado de este capítulo especial y que te hayas llevado algunas ideas útiles que puedas aplicar ahora mismo en tu vida. Si crees que este libro ayudará a otras familias de adolescentes, tómate unos minutos para compartir tus opiniones positivas, dejando una reseña en Amazon.

Tu reseña es una fuente de información y recomendación para otras personas que buscan este tipo de recurso para su hija adolescente. El espíritu de promover el amor propio entre las adolescentes se mantiene vivo cuando compartimos nuestros conocimientos y experiencias.

Las reseñas son importantes para cualquier autor, especialmente para los que somos independientes.

Aunque sólo sean una o dos frases, serán útiles tanto para otros lectores como para mí.

Haz clic en este código QR para dejar tu reseña ahora

Gracias.
Catherine Louis

Referencias

Ackerman, C. E. (2019, May 29). *What is self-love and why is it so important?* Psych Central.

Alcedo, M. (2019, February 27). *20+ Quotes about Strength to Comfort You during Hard Times.* Country Living. https://www.countryliving.com/life/g5054/quotes-about-strength/

Cherry, K. (2021, May 3). *Resilience: Meaning, types, causes, and how to develop it.* Verywell Mind.

Drew, C. (2023, July 16). *27 Perseverance Examples.* **Helpful Professor**

Goodreads. *A quote by C. Joybell C.* Www.goodreads.com. Retrieved January 26, 2024, from https://www.goodreads.com/quotes/469248-choose-your-battles-wisely-after-all-life-isn-t-measured-by

Goodreads. (2019). *C. Joybell C. quotes (author of the sun is snowing).* Goodreads.com. https://www.goodreads.com/author/quotes/4114218.C_JoyBell_C_

Harris, K. (2022). *Amazon.com - life skills for teenage girls - google search.* Www.google.com. https://www.google.com/search?q=amazon.com+-+Life+Skills+For+Teenage+Girls&oq=amazon.com+-+Life+Skills+For+Teenage+Girls&gs_lcrp=EgZjaHJvbWUyBggAEEUYODIBCDMxODFqMGo0qAIAsAIA&sourceid=chrome&ie=UTF-8

Inspiremykids. (2015, July 30). *35 Inspiring Quotes for Kids about Being Different and Being Yourself.* Inspire-

MyKids. https://inspiremykids.com/35-inspiring--for-kids-about-being-different-and-being-yourself/#:~:text=%E2%80%9CBe%20yourself.

Jacobson, S. (2017). *Confidence*. The Meaningful Life Center. https://www.meaningfullife.com/landing_page/confidence/?gad_source=1&gclid=Cj0KCQiA1rSsBhDHARIsANB4EJbMzsyC5TSCpCw0TRjmozi_ON_3M0rMQy_BNk8_tH4fKXl6oQfH6R4aAkumEALw_wcB

Kiusalaas, M. (2018, February 26). *Free the girl: A story about (finding) self-love by maya kiusalaas*. The Merit Club. https://www.themeritclub.com/new-blog-1/2018/2/15/free-the-girl-a-story-about-finding-self-love-by-maya-kiusalaas

Lee, E. H. (2022, February 24). *Resilience: 5 ways to help children and teens learn it*. Harvard Health Publishing.

Mills, A. (2023). *How to Recognize and Nurture Your Hidden Talents*. Www.google.com. https://www.google.com/amp/s/www.alden-mills.com/blog/how-to-recognize-and-nurture-your-hidden-talents%3Fhs_amp=true

Nemours TeensHealth. (2023). *How can I improve myself-esteem? (for teens) - nemours kidshealth*. Kidshealth.org. https://kidshealth.org/en/teens/self-esteem.html#:~:text=Accept%20your%20best%20and%20let

Positive Psychology. (2023, October 13). *Positive Mindset: How to Develop a Positive Mental Attitude*. PositivePsychology.com.

Prasad, A. (2015, November 28). *8 steps for embracing your uniqueness - dr. asha prasad*. Dr Asha. https://drashaprasad.com/self-awareness/embrace-your-uniqueness/

Raising Children Network. (2021, November 5). *Problem-solving steps: pre-teens and teenagers*. https://raisingchildren.net.au/pre-teens/behaviour/encouraging-good-behaviour/problem-solving-steps

Sharpe, R. (2021, December 23). *150+ Self Love Quotes to Increase Your Self Esteem*. Declutter the Mind. https://declutterthemind.com/blog/self-love-quotes/

Tal Gur. (2023, May 7). *Calm mind brings inner and self-confidence, so that's very important for good health.* ElevateSociety. https://elevatesociety.com/calm-mind-brings-inner-strength/

The Counseling Teacher. (2021, June). 100 Self-confidence boosting positive affirmations for students. The Counseling Teacher. https://thecounselingteacher.com/2021/06/100-self-confidence-boosting-positive-affirmations-for-students.html

Waters, B. (2013). *25 ways to boost resilience |psychology today.* Www.psychologytoday.com. https://www.psychologytoday.com/us/blog/design-your-path/201305/25-ways-boost-

Zig Ziglar Quotes. (n.d.). BrainyQuote. https://www.brainyquote.com/quotes/zig_ziglar_125675

Made in United States
Orlando, FL
05 August 2025